证券投资交易原理

Securities Investment Transaction Principle

颜秉印◎著

中国时代经济出版社

·北京·

图书在版编目（CIP）数据

证券投资交易原理 / 颜秉印著 . —北京：中国时代
经济出版社，2014.4
ISBN 978-7-5119-1884-0

Ⅰ.①证… Ⅱ.①颜… Ⅲ.①证券投资②证券交易
Ⅳ.① F830.91

中国版本图书馆 CIP 数据核字（2014）第 038878 号

书　　名：证券投资交易原理
作　　者：颜秉印

⋯⋯⋯⋯⋯⋯⋯⋯⋯⋯⋯⋯⋯⋯⋯⋯⋯⋯⋯⋯⋯⋯⋯⋯⋯⋯⋯⋯⋯

出版发行：中国时代经济出版社
社　　址：北京市丰台区玉林里 25 号楼
邮政编码：100069
发行热线：（010）68351353 68312508
传　　真：（010）68320634 83910203
网　　址：www.cmepub.com.cn
电子邮箱：zgsdjj@hotmail.com
经　　销：各地新华书店
印　　刷：北京博艺印刷包装有限公司
开　　本：710×1000　1/16
字　　数：200 千字
印　　张：17
版　　次：2014 年 4 月第 1 版
印　　次：2014 年 4 月第 1 次印刷
书　　号：ISBN 978-7-5119-1884-0
定　　价：38.00 元

⋯⋯⋯⋯⋯⋯⋯⋯⋯⋯⋯⋯⋯⋯⋯⋯⋯⋯⋯⋯⋯⋯⋯⋯⋯⋯⋯⋯⋯

前言
PREFACE

　　"知识改变命运，专业影响人生。"这句话总能让我记起大学里的点点滴滴，站在办公室的窗前，望着远处的黄浦江，上海——多么漂亮的夜景，多么美丽的城市，宛如一幅亮丽、动情、迷人的人文画面，无不折射出中国的发展、强盛、美丽与自豪。

　　经济要发展，资本必先行。一个国家，或者一个经济体要想得到长远发展，离不开资本市场的支持和发展，资本市场又在整个金融市场发展的基础上得到完善，证券市场作为融投资的重要交易市场，在经济发展中发挥着举足轻重的作用。人们常说，"股市是经济的晴雨表"，可见证券市场在经济发展中所发挥的作用。

　　21世纪的中国正面临着大的历史发展机遇，国际金融市场的发展，给中国金融市场带来了前所未有的发展机会，同时，也给中国的企业和广大的投资者带来了融资、创业、投资、创新的财富机会，并在国际舞台上发挥着自己的作用。

　　那么，随着我国资本市场规范化、市场化、国际化的发展趋势日渐显著，不断提高机构和广大投资者的投研能力和风险控制水平，提升证券市场投资者和广大证券市场参与者整体素质，显得尤为重要。同时，为了使投资者避免遭受财产损失，以及因情绪波动损害身心健康，提供证券投资知识和理念上的学习，扩大对证券市场的认识，提高证券投资的专业化和全球证券市场的参与水平，《证券投资交易原理》由此诞生了。

《证券投资交易原理》是一本近似教科书的读本，她本着化繁为简、取精从专的著作思想，内容全面丰富、简单易懂。本书共分九章，四十课时。第一章是从证券市场的基本分析开始的，主要讲解了证券市场的基本理念、运行规律和市场现象；第二、三、四章是从股票和债券的技术面上来讲解的，主要讲解了三线定位分析和形态位置分析，是技术分析的核心部分，尤其是红色密码线和绿色回归线的判定与运用，从技术上显得更为重要；第五章主要从价值分析模型、资产管理哲学和交易战术上做了讲解分析；第六、七章主要是从主力运作流程和游资操盘实战上进行了讲解分析；第八章是从行业、企业基本面以及交易制度上来讲解的，是行业选择和企业基本面分析的核心部分，与第二、三、四章形成对比，它是基本面分析的主要内容；最后，第九章是从国际金融市场与证券环境上来分析的。

本书具有证券投资极强的专业性，又具有管理上灵活的艺术性，借鉴了国外证券投资成功的理念，并结合中国证券市场的投资经验，是长期从事证券投资理论的总结与创新，他不仅适应中国资本市场的发展，而且还符合中国证券市场的投资规律，是一本具有实用性、代表性、规律性与创新性为一体的综合证券投资类图书。

证券市场广大的投资者和即将进入证券投资领域的读者朋友，面对证券市场的波动，你不必产生恐惧心理，也不必要紧张，甚至是惊喜，情不自禁的疯狂，这样都会使你的钱袋子变得越发空荡。我们要用知识的力量来武装自己，理性地看待市场，冷静地分析市场，准确地把握市场，用专业的水准投资市场，提高市场交易的成功率，让复利持续稳定的进行下去，从而更好地扩大投资收益，享受投资带来的伟大乐趣。

丰富的硕果，金色的收获。资本市场总是充满着神秘的色彩，像是笼罩着一层面纱，让人向往、憧憬，而又充满力量，这也许是因为他总是变幻莫测，具有太多的不确定性，让人琢磨不透，或者是他具有金钱游戏的特征，使成功的投资者总能创造资本奇迹和财富神话。

没有常青的企业，只有时代的企业。在顺势变换的市场中，企业本无常形，股市更无常态，我们只有顺应时代的发展，紧紧把握时代的气息，以发展的辩证思维去找寻有成长趋势，有投资价值并具有代表性的企业。在时代的发展中选择企业标的，根据实际需要调整投资策略，在发展中不断提升自己，取得更好的收益。

　　亲爱的读者、投资者朋友、基金经理人、证券分析人士，《证券投资交易原理》这本书的著作完成，是我献出的最好礼物，希望这本书能给你们带来好运，在投资的过程中不断积累自己的人生财富，充实自己的生活，相信，你必将有所收获。

　　高兴之余，我们不能忘记一句话："市场有风险，投资需谨慎。"

　　书中不妥之处，敬请读者指正。

颜秉印

2014 年 2 月于上海

第一章 基本分析

第一节 股票投资的情绪管理艺术 / 002

第二节 股市的派别与各派别对股价的运作交易 / 007

第三节 股票市场与债券市场的有效转换论 / 011

第四节 市场底部形态分析与上升通道的判定 / 015

第五节 市场顶部形态分析与下降通道的判定 / 019

第六节 下降通道的反弹分析与反弹操盘纪律 / 022

第七节 市场趋势的逆向对称性与平衡杠杆现象 / 025

第八节 成交量与八阶律 / 028

第二章 周线判定分析

第一节 KDJ 指标的运用分析 / 032

第二节 红色密码线 / 038

第三节　MACD 指标的运用分析 / 042

第四节　绿色回归线 / 046

第五节　TSB 技术滚动操作分析 / 050

第六节　公司可转债与国债、非转债及股票市场的关系 / 053

第三章　宏观证券技术分析

第一节　月线双叉定位分析 / 058

第二节　季线决策分析 / 062

第四章　形态位置分析

第一节　123 递缩形态 / 066

第二节　箱体折射形态 / 069

第三节　点对点回探形态 / 072

第四节　对称回归形态 / 075

第五章　证券价值评估分析

第一节　证券价值评估分析 / 080

第二节　划谷投资交易战术管理 / 085

第三节　仓位防控管理 / 089

第四节　周期性区域目标锁定与实际走势的矛盾 / 092

第五节　证券投资的时间价值与管理哲学 / 095

第六章　主力运作流程分析

第一节　主力建仓环境与运作手法 / 100

第二节　主力拉高环境与运作手法 / 110

第三节　主力震仓环境与运作手法 / 122

第四节　主力出货环境与运作手法 / 135

第七章　游资操盘实战分析

第一节　发现机会的切入点 / 150

第二节　暴利驱动热点 / 157

第三节　把握领涨先机 / 161

第四节　盈利与交易策略 / 166

第八章　企业投资与资本运营分析

第一节　行业优势与代表企业的优越性分析 / 172

第二节　企业分红派息与投资现金流 / 179

第三节　证券发行与交易制度 / 190

第四节　资本运营与公司并购 / 210

第九章　国际金融市场与证券环境分析

第一节　全球主要指数分析 / 228

第二节　国际金融市场分析 / 249

第三节　证券环境分析 / 254

后记

第一章
基 本 分 析

DIYIZHANG

JIBENFENXI

不要将情感投射在股票上，投资者应减少炒股过程中的情绪波动。我在投资方面的成功除了成熟的投资理念，较准确的市场判断和运气外，还有最重要的一点就是情绪的稳定。

——沃伦·巴菲特

第一节　股票投资的情绪管理艺术

论题一　股票市场存在的作用

证券市场是市场经济发展到一定阶段的产物，是为解决资本供求矛盾和流动性而产生的市场。证券市场是股票、债券、投资基金份额等有价证券发行和交易的场所。证券市场以证券发行与交易的方式实现了筹资与投资的对接，有效地化解了资本的供求矛盾和资本结构调整的难题。

证券市场是实现资产证券化[1]的流通保障，是资产实现证券化后资金供求双方进行有价证券转换交易的重要平台。资产证券化也是企业上市进行直接融资的重要渠道。

股票市场是企业上市直接融资，资产价值转换成有价证券进行交易的场所。股票市场是国民经济的晴雨表，伴随着经济全球一体化趋势的发展，经济金融化的进程也日益加剧，股票市场在市场机制中扮演着主导和枢纽的角色，发挥着极为关键的作用。

论题二　股票市场的最大收益者

新股的发行留给投资者的话题，首先是国家又多了多少个亿万富翁，其次是新股破发中小投资者被套。面对面值1元人民币，甚至1毛钱面值的几十、上百元人民币的股价，投资者有什么感想呢？股票

---

[1]　资产证券化是指将缺乏流动性的资产，转换为在金融市场上可以自由买卖的证券的行为，使其具有流动性。资产证券化起源于20世纪70年代的美国，是世界金融领域的一次重大创新，资产证券化兼有风险转移创新、提高流动性创新和信用创新的功能。
参考文献：王开国等，《资产证券化论》，上海财经大学出版社1999年12月第1版

市场 70% 以上的投资者亏损，只有 10% 左右的投资者赚钱。我们不仅要问谁是股市赢家，谁才是股票市场的最大受益者？显然是上市公司大股东。

论题三　股票投资的目的

首先来讲一个案例。2008 年 6 月 10 日，在山东一家齐鲁证券营业部，当时，大盘上证指数为 3329.67 点，当日低开 –3.83%（127.56 点），当日收盘上证指数暴跌 –7.73%（257.38 点），下午 13:30 后，一位年龄 60 多的王女士，在大盘急跌之时，突发心脏病，躺在证券大厅的座位上，随后被紧急送往医院救治。从此以后，王女士再也没有出现在证券大厅里。据说，是王女士的儿子不准她炒股了。

通过以上案例不难看出，股票市场是一个让投资者情绪极易波动的场所。对投资者的心理素质和身体健康具有很大的挑战，绝不是随随便便就能赚钱的市场。那么，投资者进行股票投资的动机是什么？赚钱、兴趣爱好，还是打发时间？我想都不是，至少是不全面的，投资者进行股票投资的目的，应该是增加生活的情趣，拓宽生意投资的渠道。

论题四　一个职业操盘手最低拥有多少资金为限额

在股票市场，一个职业操盘手和他的家庭一年要花掉多少钱？这一问题是任何一个操盘手，不得不考虑的大事。操盘手是一个新词，它是跟着股票市场的开启而走进中国投资者生涯的，它的降生标记着中国经济的巨大转变。一个优秀的职业操盘手只要合理地运作手中的资金，就可以使资金升值。但是股票市场是一个极不确定的市场，就像一位情绪十分不稳定的市场先生，操盘手也要遵循市场规律，有节奏地进行趋向投资交易，才能从市场中获利。

假设，一个操盘手家庭一年要花去 10 万元人民币，如果操盘手有

10 万元人民币，他需要 100% 的年收益率，才能维持家庭的正常开销；如果操盘手有 50 万元人民币，他需要 20% 的年收益率，才能维持家庭的正常开销，按照 30% 的年均收益率，要想有一个很好的发展也是很不容易的；如果操盘手有 100 万元人民币，他只需要 10% 的收益率就够家庭一年的开销，这样他就剩余 20% 左右的年均复利增长，达到了股票投资目的。所以，一个职业操盘手最低拥有资金限额应该为 100 万元人民币。

论题五　政策环境对投资者在二级市场进行交易的影响

政策环境这里主要是指经济政策[1]。经济政策分为宏观经济政策和微观经济政策。宏观经济政策包括财政政策[2]、货币政策[3]、收入政策等；微观经济政策是指政府制定的一些反对干扰市场正常运行的立法以及环保政策等。

对于财政政策和货币政策来说，积极的财政政策和宽松的货币政策对股票市场是利好影响，它会推动股票市场上升，促进股票市场的繁荣；反之，紧缩性财政政策（又称稳健的财政政策）和从紧的货币

---

[1]　文献参考：《经济学》，保罗·萨缪尔森（PaulA．Samuelson）著，人民邮电出版社 2008 年 1 月第 18 版

[2]　财政政策是指国家根据一定时期政治、经济、社会发展的任务而规定的财政工作的指导原则，通过财政支出与税收政策来调节总需求。增加政府支出，可以刺激总需求，从而增加国民收入，反之则压抑总需求，减少国民收入。税收对国民收入是一种收缩性力量，因此，增加政府税收，可以抑制总需求从而减少国民收入，反之则刺激总需求增加国民收入。

[3]　货币政策是指政府或中央银行为影响经济活动所采取的措施，通常是指控制货币供给以及调控利率的各项措施。包括信贷政策（存款准备金率）、利率政策和外汇政策。存款准备金是指金融机构为保证客户提取存款和资金清算需要而准备的在中央银行的存款，中央银行要求的存款准备金占其存款总额的比例就是存款准备金率。

政策对股票市场是个利空，对股票市场形成打压，市场指数就会下降。

就微观经济政策对股票市场来说，主要体现在某个行业上面，也就是说对某个行业通过立法或者临时管制采取的支持或打压的政府调控政策。

论题六　生意经与股票经的双重身份

"我在自己做企业的过程中学到了很多东西。我投资之所以成功，是因为我懂得怎么做生意；而我生意做得成功，是因为我懂得如何投资。我可以将这两种行为有效地连接贯通，我知道价值是怎样创造出来的。"这是美国著名投资家沃伦·巴菲特接受媒体采访时说过的一句话。

任何一个成功都不是偶然的，也不是某个单一条件就能决定的，为了投资而投资在股票市场是很难取得好成绩的，我们也要看一看投资以外的东西。股票投资是一门科学，更是一门艺术，不是单纯的技术分析，也不是简单的技术分析和基本面组合研判，它是一门综合学科。投资者都知道投资，却很少关注钱投给了谁，即使知道投给了企业，也很少去想企业有谁在经营。企业是生意的主要组成部分，它是有企业家或企业经营者来管理经营的，每个投资者都想做一名投资家，这样是远远不够的，我们还要努力去做一名企业家，至少要具备一名优秀企业经营者的素质要求。

您将赢得未来。"我们每一位投资者都是十分幸运的，出生在一个日益强大的国家，正赶上一个日益发展的时代。"21 世纪是中国的大发展世纪，随着中国经济的持续增长，中国必将成为一个更加繁荣昌盛的国家，国际金融市场正逐渐由西方向东方转移，中国金融市场在国际上的影响也越来越重要，中国股票市场也必将会有更好的发展。

习题

1. 本节是为了促进投资者对股票投资生意的进一步认识吗？加强管理情绪稳定对投资者获取投资成功具有重要性吗？为什么？

2. 假如给你100万资金，在未来两年你将如何策划自己的投资方案，策划依据是什么？面对突发性市场异常，你有备手操作战术吗？你将如何提高自己的收益率？

3. 政策环境对股票市场有哪几方面的影响？行业投资与政策研究有什么重要关系？

第二节　股市的派别与各派别对股价的运作交易

股票市场，根据投资参与力量可以划分为两大派系，分别是市场主力派和市场游资派。市场主力派和市场游资派在资金组织规模上是有明显差距的，它们在操作手法、组织形式和表现形态上都有着各自的优势和运作模式。本节重点通过技术分析对市场游资派和市场主力派进行解析，具体如下。

一、市场主力派

在股票市场中，市场主力派主要是由国内的投资机构、证券公司、基金公司、保险公司等金融投资公司构成的。其次，是由国外的投资机构、投资银行和基金公司（QFII）[1] 所组成。

市场主力派在投资策略和市场运作上，在合理的价格区间都是基本一致的。他们的参与以及对行业的影响，直接体现着市场的牛熊格局和市场热点的切换，他们主要遵循价值投资和趋势投资。

市场主力派在市场运作上，他们采取的是分批建仓，分批出仓，一般

---

[1]QFII（Qualified Foreign Institutional Investors）合格的境外机构投资者的简称，QFII 机制是指外国专业投资机构到境内投资的资格认定制度。QFII 是一国在货币没有实现完全可自由兑换、资本项目尚未开放的情况下，有限度地引进外资、开放资本市场的一项过渡性的制度。这种制度要求外国投资者若要进入一国证券市场，必须符合一定的条件，得到该国有关部门的审批通过后汇入一定额度的外汇资金，并转换为当地货币，通过严格监管的专门账户投资当地证券市场。QDII 是（Qualified Domestic Institutional Investors）合格境内机构投资者的简称，是指在人民币资本项下不可兑换、资本市场未开放条件下，在一国境内设立，经该国有关部门批准，有控制地，允许境内机构投资境外资本市场的股票、债券等有价证券投资业务的一项制度安排。

建仓时间比较长，大多需要 1 ~ 3 个月时间，甚至半年以上或者更长，出货时间较短一些。

主力派在市场运作上的表现特点，主要是从量能、K 线和角度线上来分析。

1. 在量能表现上

（1）在上升通道中，成交量主要是以阳量为主，阳量占时区总量的 80% 以上，并呈现逐级放大的形态走势。

（2）在下降通道中，成交量主要是以阴量为主，阴量占时区总量的 80% 以上，并呈现逐级缩小的形态走势。

2. K 线形态分析

（1）在上升通道中，阳 K 线占时区总量的 80% 以上，并呈现饱满形态，很少有很长的上下影线，如图 1–1 所示，其 K 线排列分布比较紧凑、匀称。这是牛势股的主要特征之一，其后期行情会走得很高远。

（2）但在下降通道中，K 线形态会以对称的特性下跌。

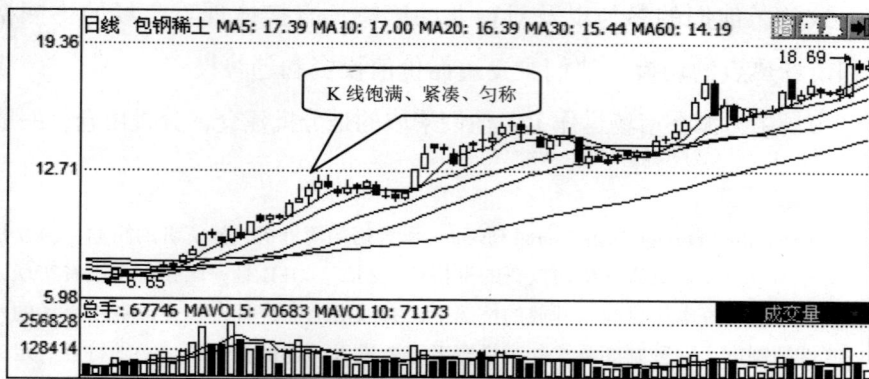

图 1–1 包钢稀土（600111）

3. 角度线分析

（1）在上升通道中，K 线会沿着 5 日移动平均线呈 45° 以上角度上涨，更甚至以 60° 角度上涨。

（2）在下降通道中，同样会以对称的特性下跌。

综合上述得出结论，主力派在市场运作上总能在量能、K 线、角度线上呈现自己的运作特点。因此，主力派在市场上的运作特征是投资者在底部建仓，并投资强势股的重要分析依据，同时也是投资者在市场见顶后，制定下一步投资战略的重要依据。

二、市场游资派

市场游资派，是由比较小的投资团体和私募性质的投资团队所组成。

市场游资派，主要投资于小盘股，在一个相对区间以波段形式择机交易为主，一般为 80% ~ 120% 的涨幅，并不会有太大的向上增长幅度。他们也不会跟趋势相背离，但是当大盘出现横向整理时，他们就会以涨停板的方式迅猛操作，一般时间比较短，大多在两周至一个月左右，多数采用放量对倒的手法。

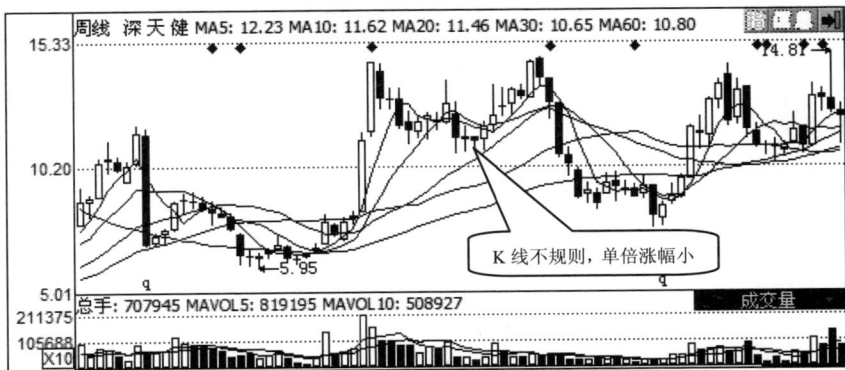

图 1-2　深天健（000090）

市场游资派在操作手法上及其特点，主要从 K 线图上来分析。

首先，在上升通道中，K 线多以涨停板出现；在下降通道中，多以跌停板出现，但很少出现特别长的上下影线。其次，K线在排列分布上比较松散，显得很稀疏。第三，其K线幅度总是以波段出现，并未出现过大的倍数增长。如图1-2所示，这是与主力派在运作上K线排列分布的主要区别。

简述，市场游资派主要是借助市场热点和题材，以波段交易为根源，以对倒手法，涨停板为标准的运作模式。因此，在下降趋势中，投资交易策略应该放在市场游资系股票中，采取适时休息，轻仓参与，快速交易的原则。但不能过度参与，要学会放过一些机会，不能违背趋势。值得注意的是，在上升通道中，一定要选择主力派系股票，与主力派携手并肩，直到高位顶部出货。

最后结语，在证券投资交易的过程中，只有淡季的思想，没有淡季的市场。关键是在市场上下趋势中，以及平衡市场中采取正确有效的投资交易策略，把握好市场节奏，及时规避市场风险，这样赢取赚钱机会的概率才能大一些。

习题

1. 股票市场在投资机构（团体）运作模式上分为哪两大派系？主力派在市场运作上的表现特点，主要是通过什么来分析的？

2. 主力派系在K线上的表现特征是什么？

3. 游资派系和主力派系在K线表现上有什么区别？

第三节　股票市场与债券市场的有效转换论

债券是一种有价证券，是社会各类经济主体为筹措资金而向债券投资者出具的，并且承诺按一定利率定期支付利息和到期偿还本金的债券债务凭证。债券按发行主体不同可划分为国债、地方政府债券、金融债券、企业债券、国际债券。

1．国债：由中央政府发行的债券。它由一个国家政府的信用作担保，所以信用最好，流动性强，被称为"金边债券"。

2．地方政府债券：由地主政府发行，又叫市政债券。它的信用、利率、流通性通常略低于国债。

3．金融债券：银行、保险公司、证券公司、信托投资公司、资产管理公司等金融机构发行的一种债券。信用高、流动性好、安全，利率高于国债。

4．企业债券：又称为公司债券[1]，是由企业发行的债券。企业债券信用次于国债和金融债券，它是一种风险较大的债券，但利率通常也高于其他债券。

5．国际债券：国外各种机构发行的债券。

---

[1]　公司债券是由股份有限公司或有限责任公司发行的债券，我国 2005 年《公司法》和《证券法》对此也做了明确规定，因此，非公司制企业不得发行公司债券。企业债券是由中央政府部门所属机构、国有独资企业或国有控股企业发行的债券，它对发债主体的限制比公司债券狭窄得多。

股票市场与债券市场（可转换公司债券[1]除外）是两个不同的市场，它们受宏观经济、宏观政策和国际形势等不确定因素的影响，价格趋势、技术形态、投资行为在一定时段成相反的方向发展。

对于股票市场来说，较低的利率，经济的不断向好发展，将促进股市的成长，股市受益于宏观经济，与国民经济的增长趋势保持一致。它将长期受益于 GDP 的增长。

而对于债券市场则往相反的方向延伸。股市的调整和下跌将促进债券市场的繁荣。这是因为在某一时期，当股市波动性较高，预期收益较低时，投资者就会将资金从股市中撤出，转而投资债券市场；反之，股市波动性较低，预期收益较高时，投资者就会将资金从债券市场撤出，转而投资股票市场。那么我们就会看到，在股票市场处于牛市阶段，债券市场将进入熊市；而股票市场进入熊市阶段，债券市场将进入牛市。这种现象我们称之为股票市场与债券市场的"跷跷板效应"。

表 1-1　股票市场大涨大跌时期债券市场的涨跌变化

时期	股票市场涨跌幅	债券市场涨跌幅
2002 年 7 月—2003 年 1 月	−23%	−3.4
2003 年 11 月—2004 年 4 月	+35%	−1.3%
2004 年 4 月—2005 年 7 月	−43%	+3.8%
2006 年 1 月—2007 年 10 月	+416%	−4.6%
2007 年 10 月—2008 年 11 月	−72%	+6.7%
2008 年 11 月—2009 年 8 月	+122%	−1.0

以上的数据中表现出一个明显的特征，股票市场涨跌幅越大，债券市场相反方向的涨跌幅也越大；并且股票市场下跌时债券市场涨幅

---

[1]　公司债券，又可分为普通公司债券（非转换公司债券）和可转换公司债券。可转换公司债券（简称可转换债券）是一种可以在特定时间、按特定条件转换为普通股股票的特殊企业债券。可转换债券兼具有债券和股票的特性。

更加明显。前一个特征表现出投资者在资产组合选择中对于风险的敏感性较高；而后一个特征主要是由于股票市场上涨较慢，下跌较快。

所以，在股票市场上涨时期，债市资金总是通过缓慢的方式撤离；而一旦股市出现大跌，投资者为了避免损失，会快速从股市撤出资金，这样大量资金从股市流入债市带来债券需求的突然增长，通常会较快的拉高债券价格。但是，在股票市场较低波动，不足以引起投资者的股票和债券的资产组合发生较大规模变化时，股票市场和债券市场也会出现短暂的协同效应。

从技术分析方面来看，同样能够更好地发现股票市场与债券市场的转换点。这里主要依据月线分析，切换点可以参照周线分析，但周线不能成为长期或短期趋势的转换策略分析基础。

图 1-3　上海证券交易所股票价
格综合指数

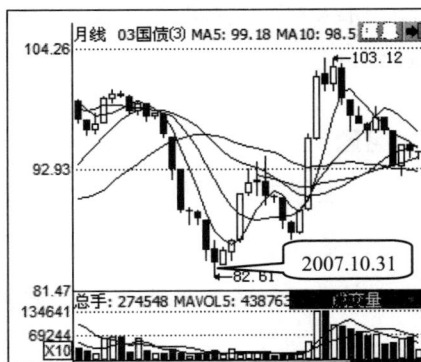

图 1-4　03 国债（3）（010303）

例如，股市上证指数与 03 国债（3）010303 的具体分析，自 2007 年 10 月 31 日股市上证指数完成诱多出货反弹开始下跌，如图 1-3 所示。虽然有一次横盘整理，但下跌趋势格局已经形成，所以造成了目前大盘暴跌的局面，股民深套严重，股市投资环境深度恐慌恶劣。

但是，在债券市场却完全相反。如图 1–4 所示，03 国债（3）010303 从 2007 年 10 月 31 日起，买量逐渐增大，开始止跌形成向上趋势，到目前为止几乎成 45° 向上增长。随着大盘的几天暴跌，03 国债（3）成交量却成暴涨形态。债券投资一片向好，迎来了债券投资行为的热情。

以上是从宏观经济分析和技术分析两方面进行简短论述，下面做一下简单总结，股票市场与债券市场的有效转换，对资产管理将起到十分关键的作用。两者对市场投资风险可以互补，避免了资产的闲置。可以合理进行资产的分配组合，实现资产的有效增值，从而减少市场的恐慌性和盲目性，增加市场的有效配置及对投资的合理决策，在股市环境不利的情况下，可以投资债券采取增值避险的投资策略。最后，让我们听听比尔·格罗斯 [1] 的声音，"从事债券投资，应该由被动变成主动，我们有必要进行交易，以获得资本收益，而不仅仅是剪下息票去拿利息"。

习题

1. 股票市场和债券市场的有效转换论中，哪类债券不包含在内？

2. 在债券市场中，哪类债券的信用最好？

3. 股票市场和债券市场的转换关系是什么？它们之间的转换关系对投资者有什么作用？

---

[1]　比尔·格罗斯，美国太平洋投资管理公司（PIMCO）创始人。格罗斯管理着超过3500 亿美元的债券投资，对全球债券市场有着极大的影响力，被市场称为"债券大王"。自 1973 年以来，作为世界上最大债券权威投资公司，太平洋投资管理公司的资本以平均每年 10.6% 的速度增长。格罗斯的收益甚至让许多华尔街人士感到吃惊，这让那些在华尔街股票市场闯荡多年，却一直对债券市场没有兴趣的投资者感到惊讶。

第四节 市场底部形态分析与上升通道的判定

市场底部对投资者来说，是最关心的一件事，但也是让投资者十分痛心的一件事。市场底部直接决定着投资者的收益率，或者是亏损额度的大小。对市场底部的判断，是每位投资者在投资前必须要做的一门重要功课。投资者不仅需要足够的耐心，还要有一套成熟的技术分析方法的支持。下面将从比较大的市场底部形态进行分析。

一、市场底部的形态分析

1．市场底部的宏观分析

市场底部的宏观分析是以季线分析理论为标准的解析工具。根据季线分析理论，当大盘下跌到季线 60 日移动平均线 [1] 区域时，大盘的历史性底部区域确立。这时是一次难得的历史机遇，要敢于果断进场，并做好长期持有的准备。具体操作可根据月线双叉定位系统和周线判定理论（将在以后的章节进行讲解）。例如，2005 年 6 月 30 日，第三季度上证指数的 998.23 点。2008 年 12 月 31 日，第四季度上证指数的 1664.93 点。贯穿 10 年的两次历史性市场底部，都是在季线 60 日移动平均线区域孕育形成的，如图 1-5（A、B）所示。

对于反弹触底的市场底部，依据季线防控决策分析，大盘下跌到

---

[1] 移动平均线是用统计处理的方式，将若干天的股票价格加以平均，然后连接成一条线，用以观察股价趋势。移动平均线的理论基础是道·琼斯的"平均成平"概念。通常有 5 日、10 日、20 日、30 日、60 日、120 日等均线。其目的在取得某一段时间的平均成本，而以此平均成本的移动曲线配合每日收盘价的线路变化，分析某一时期多空双方的优劣形势，以研判股价的可能变化。一般来说，现行价格在平均价之上，意味着市场需求较大，行情看好；反之，则表明买压较重，行情看淡。

30 日移动平均线区域时，大盘的反弹底部确立，具体操作可依据周线判定理论。例如，2003 年 12 月 31 日，第四季度上证指数 1307.4 点。2010 年 9 月 30 日，第三季度上证指数 2319.74 点，如图 1-5（C）所示。两次反弹后的市场底部都形成在季线 30 日移动平均线区域。

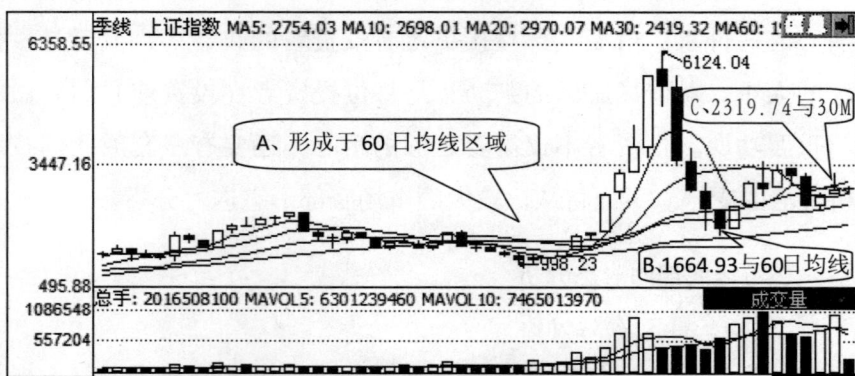

图 1-5　上海证券交易所股票价格综合指数

2. 市场底部的日 K 线分析

在市场底部，往往会出现趋势的反转信号，具体可以从日 K 线上分析，在经过大的深幅下跌后，通过整体经济面的好转，或者金融政策的有效激励，反映到市场的技术面上，当日交易量巨大，是前日成交量的 2 倍以上，5 日均线快速向上反转，随后日 K 线突破 20 日均线，此时，往往形成底部的反转信号，前期的低点即为历史性低位。虽然后期还要再次确认历史性底部，以构成 W 底，或其他底部形态[1]，速度也比较慢，但是只要不破前期低点，并向上形成突破，底部即可确立。例如，2005 年 6 月 8 日，也就是上证指数 998.23 点形成后的第二天，当日涨幅达 8.21%，当日成交量是最低点交易日的 3.4 倍。2008 年 10

---

[1] 底部形态以 W 底和 U 型圆弧底较为常见。V 型一般不是底，因为 V 型底通常是一个右肩，是为了摆脱阻力更快的下跌，寻找真正的底部。

月 28 日，上证指数 1664.93 点形成后，最明显的一个特征是量能出现持续性增加，并保持了量能扩大后在高位的稳定性，红色阳量达到总量的 70% 以上，近两个月时间里指数单日涨幅远大于单日跌幅，如图 1-6 所示。

图 1-6　上海证券交易所股票价格综合指数

二、上升通道的判定

大的历史性上升趋势判定（经过大的跌幅后）。

（1）对趋势的判定是以周线的 5 日、10 日、20 日移动平均线为技术分析基础，5 日、10 日、20 日移动平均线就像高速公路上的"分道线"一样，如图 1-7 所示。K 线总是沿着 5 日均线向前方运行，偶尔会触及 10 日均线，就像超车压了中间的黄线一样，目的就是超过前面的阻碍慢车更快地向前行驶，但不会向黄线外行驶，因为那是向反方向行驶的道，只有到了终点反转处才会调头向回行驶。当 5 日移动平均线与 10 日均线形成金叉后，再次与 20 日移动平均线形成金叉，并且 5 日、10 日均线都在 20 日均线上方，此时，点位不再创新低，形成 W 底部形态，即市场底部被确定。这里有一个明显特征，就是从底部反转信号出现后，成交量以阳量为主，占时区总量的 80% 以上，并呈现逐级放大的态势。

这一特征是判断趋势反转，并形成牛势格局的权威判定。

（2）以大盘市盈率来判定大盘安全系数，一般低于 13 倍市盈率，大盘已具有一定的安全边际。

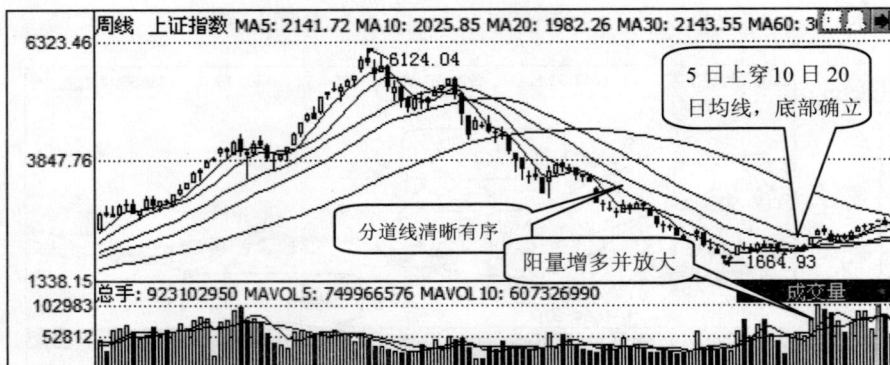

图 1-7　上海证券交易所股票价格综合指数

习题

1．市场底部的宏观分析是以什么为标准的，具体内容是什么？

2．市场底部通常是哪种形态，市场底部日 K 线有什么特征？

3．上升通道的判定是以什么为分析基础的？什么是分道线，它的作用是什么？

4．上升通道的拐点是什么特征？

第五节 市场顶部形态分析与下降通道的判定

在市场上流传着这样一句谚语："会买的是徒弟，会卖的是师傅"。同样它也适用于股票投资市场。这也说明卖比买的难度要大得多，反映在股票市场难度主要体现在对市场顶部的判断上。而对市场顶部的判定和把握，不仅直接关系着投资者对投资收益率的保持，还是每位投资者有效防控市场见顶后，股价大幅下跌带来的市场风险。在上一节对市场底部形态和上升通道的判定讲解的基础上，本节将对市场顶部形态和下降通道的判定进行详细论述。

一、市场顶部的形态分析

1. 大单边牛市市场顶部的量能宏观分析

大单边牛市市场顶部的量能宏观分析，是以月线定位系统理论为标准分析工具的。在股票市场有一种说法叫"价未动，而量先行"。所以只有通过量能才能提前知道市场见顶的信号，具体表现为在指数上涨到一定高位成交量开始缩量，并呈现逐渐缩小的态势，当成交量缩小的某个时段，5日移动平均成交量[1]和10日移动平均成交量形成死叉时，当月指数即为市场见顶区域（月线定位分析的量能分析理论一般不适用于个股分析）。此时，随大盘指数走势的个股是选择离场交易的最佳时间段。但是，在大盘指数涨幅不是过大，回调后围绕一个区间横向整理的过程中，不受大盘指数影响的个股仍然会走出独立行情。

---

[1] MAVOL5 是指 5 日移动平均成交量，MA 是指平均移动，VOL 是指成交量，MAVOL5 就是当前 5 日的成交量累加后再除以 5。

例如，2007 年 10 月 31 日，也就是当年 10 月份 5 日均量和 10 日均量形成死叉，上证指数 6124.04 点的市场顶部正是出现在 10 月份。2009年 12 月份，5 日均量和 10 日均量形成死叉，虽然高点出现在 2009 年的 8 月份，但是 12 月份的大盘指数仍在见顶区域，如图 1–8 所示。

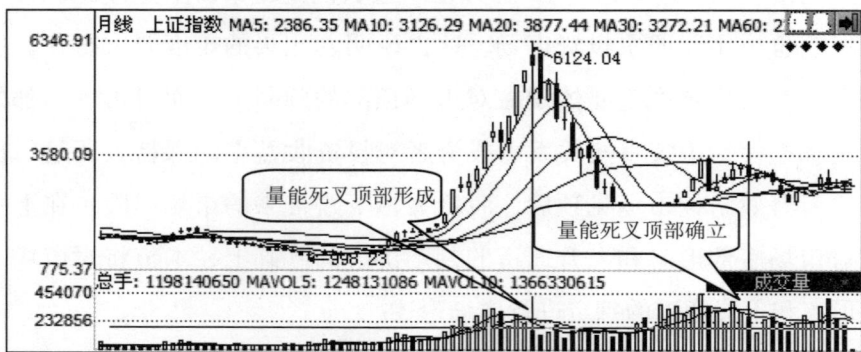

图 1–8　上海证券交易所股票价格综合指数

2. 市场顶部的均线系统分析

在周线判定理论中，5 日均线为攻击线 [1]，10 日均线为操盘线，20日均线为趋势线，又被称为拐点线。市场顶部的均线系统分析，是以周线判定理论为标准的分析依据。具体内容为当指数涨到一定高度，指数滞涨下跌，5 日移动平均线拐头下穿 10 日均线，然后 5 日均线接着下穿 20 日移动平均线，并形成死叉，这时前面形成的指数高点就是市场顶部的高点区域。指数在这里往往会向上反弹，形成一个市场右肩，市场顶部出现右肩顶，或者是再次刷新指数高点形成其他形态的头肩顶 [2]，可参考图 1–7 所示。

---

[1]　机构操盘手对均线系统的特定称谓。（日线分析）短期操盘线：5 日均线为攻击线，10 日均线为操盘线。中期操盘线：20 日均线为辅助线，30 日均线为生命线。长期操盘线：60 日均线为决策线，120 日均线为趋势线。

[2]　市场头部形态可分为三大类，即单峰顶、双峰顶和三峰顶，总称为头肩顶。

二、下降通道的判定

1. 大的历史性下降趋势判定（经过大的涨幅后）

（1）对大的历史性趋势的判定是以周线的 5m、10m、20m 移动平均线为技术分析基础，当 5 日移动平均线与 10 日移动平均线形成死差后，再次与 20 日移动平均线生成死差，并且 5 日、10 日都在 20 日均线下方时，此时，点位不能突破新高，形成头肩顶，即历史性头部确定，指数进入下降通道。

（2）以大盘市盈率来判定大盘风险系数，一般超过 35 倍市盈率，大盘已具有相当大的市场风险。

2. 大的波段下降趋势判定。

以日线的 5 日均线 [1] 为技术分析基础，5 日均线，常被称为趋势交易的方向标。当经过大幅上涨后，5 日移动平均线出现拐点，K 线图下穿 5 日均线，并出现高位阴量，或者高位缩量，这就意味着波段趋势出现拐点，这时要交易卖出布局下一个波段行情。

习题

1. 什么是市场顶部的量能宏观分析？

2. 下降通道的判定基础是什么？分析原理是怎样的？

3. 市场顶部的形态有哪几种？下降通道的拐点有什么特征？

---

[1] 均线是移动平均线的简称。均线指标是反映价格运行趋势的重要指标，它的运行趋势一旦形成，将会在一段时间内继续保持。当均线在趋势运行中，所形成的高点或者低点又分别具有阻挡或支撑作用，因此均线指标所在的点位往往是十分重要的支撑位，或者是阻力位，这就为我们提供了买进或者卖出的有利时机，均线系统的价值也正在于此。

第六节　下降通道的反弹分析与反弹操盘纪律

本节将根据周线技术盘面分析，对下降通道的技术反弹做进一步的了解和分析，并对技术反弹做一些操盘纪律约束。其目的是为了更好地认识股票市场在下跌过程中，由股票市场自身潜在规律和技术诱因出现的反弹现象，规避因不确定性技术反弹带来的市场风险。

下降通道的技术反弹，通常分为短暂反弹和次级反弹两种。这两种反弹走势主要出现在大的单边下降通道中，下面将做详细分析。

一、短暂反弹

短暂反弹也可称为幼肩反弹。在周线盘面中，当10日均线与20日均线形成死叉后，通常指数会正式进入下降通道。例如，2008年1月4日，上证指数10日均线与20日均线形成死叉，随后指数进入下降通道。指数在下降通道运行中，5日移动平均线与10日均线一般不会交叉，但K线有时会触碰10日均线，或者上穿10日均线，短暂反弹结束。然后，股价继续下跌，如图1-9所示。

图1-9　上海证券交易所股票价格综合指数

短暂反弹特点：

1. 短暂反弹，一般不会突破 10 日移动平均线，它会在 10 日移动平均线下方一直沿着 5 日均线下行。它会在 10 日均线下轨出现一次或者多次短暂反弹，才会出现一次次级反弹。

2. 短暂反弹具有完全不可预测性和完全不可操作性。

二、次级反弹

次级反弹也可叫作幼臂反弹。在下降通道中，经过一次或多次短暂反弹后，5 日移动平均线会上穿 10 日均线，但往往不会突破 20 日均线，或者 K 线与 20 日均线碰头确认，次级反弹结束。然后，股价会沿着 5 日移动平均线继续下跌。例如，2004 年 9 月 24 日，只是 K 线上穿了 20 日均线，5 日、10 日均线，一直到 998.23 点历史性底部出现，都没有和 20 日均线交叉。

次级反弹特点：

1. 次级反弹，一般不会突破 20 日移动平均线，它会沿着 20 日移动平均线下轨一直下行。有时 K 线会上穿 20 日均线，但是 5 日、10 日均线不会与 20 日均线形成交叉，这是比较大的次级反弹。在下降通道中，一般会在下降通道的中间出现一次次级反弹。次级反弹过后，下降趋势会继续向下运行，向下运行中仍会有短暂反弹。

2. 次级反弹与短暂反弹一样，具有不可预测性和不可操作性。

三、短暂反弹和次级反弹在下降通道中的运行特点

短暂反弹会贯穿整个下降通道的始终；次级反弹一般在下降通道的中间形成，如果出现两次次级反弹，一般在下降通道的中上方或者中下方运行。

四、反弹操盘纪律

第一条　根据短暂反弹的特点，对短暂反弹不操盘交易。

第二条　根据次级反弹的特点，对次级反弹不操盘交易。

第三条　在下降通道中，对反弹行情不进行操盘交易。

习题

1．本节学习的目的是什么？下降通道中出现的反弹通常分为哪两种？

2．短暂反弹、次级反弹的特点是什么？它们在下降通道中分别是怎么运行的？

3．下降通道中的短暂反弹和次级反弹是否具有可操作性？为什么？

第七节 市场趋势的逆向对称性与平衡杠杆现象

在股票市场总是重复着两个动作，不是上涨就是下跌，它是一个不知疲倦从不静止的市场，总是让投资者看不清哪天是涨哪天是跌。尽管如此，它仍然遵循着自己的运行规律。在市场上涨下跌趋势方面，逆向对称性是股票市场的一个显著特征。"指数将围绕一个区间上下波动"，这是股票市场常被提起的一个话题。在股票横盘整理区间和股票波段运作阶段，总像是围绕着一个杠杆，在有规律的上下波动，我们称之为平衡杠杆现象，具体内容论述如下。

一、市场上下趋势的逆向对称性

1. 市场逆向对称性分析

在股票上涨和下跌的技术走势中，我们通过周线或者月线会很清晰地看到，下跌时的技术走势与上涨时的技术走势，总是以相同的方式下跌。怎么涨上去的就怎么跌下来，虽然再也不可能跌到上涨时的历史性底部，但是也不乏从哪里来到哪里去的气势。在下跌方面只是比上涨时缩短了时间和空间，市场的对称性仍然是技术走势图的一个显著特征，并体现着它的内在运行规律。例如，上证指数从 2005 年 6 月至 2007 年 10 月的大牛市走势，所对应的 2007 年 11 月到 2008 年 10 月的大熊市走势，上涨和下跌都经历了 5 个阶段，几乎是一个完美的对称走势，如图 1-10 所示。

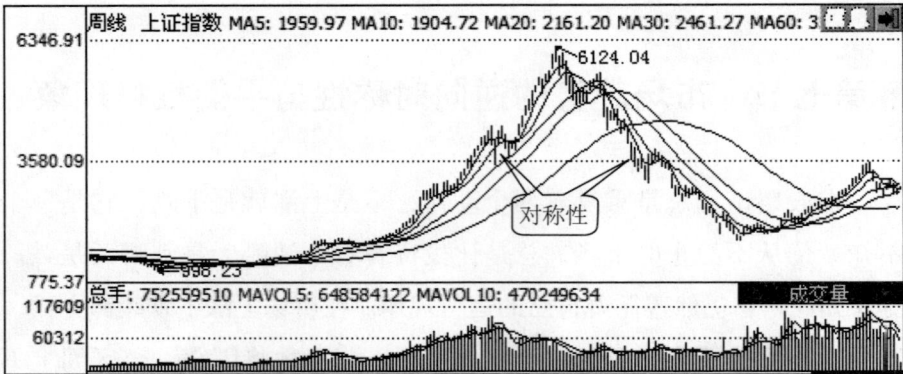

图 1-10 上海证券交易所股票价格综合指数

2. 市场上下趋势的逆向对称形态

市场上下趋势的逆向对称形态通常分为两种,一种是单边对称形态,另一种是波浪对称形态。例如,上证指数 2005 年 6 月到 2007 年 10 月的大牛市走势形态,与 2007 年 11 月到 2008 年 10 月的大熊市走势形态,就是典型的单边对称形态。上证指数从 1994 年 7 月到 2001 年 6 月的上涨走势,与 2001 年 7 月到 2005 年 6 月的下跌走势,是波浪对称形态。

市场趋势的逆向对称性理论,是加强投资者对股票宏观技术分析的重要组成部分,它有助于投资者对市场趋势的研判和把握,对下降通道和下降走势形态的分析决策将提供理论上的支持。同时,也对上升走势的判断起到重要作用。

二、市场平衡杠杆现象

1. 平衡杠杆现象解析

平衡杠杆现象,就是在股价上涨和下跌的对称形态中间,像是有一个平衡杠杆在起作用,当股价在平衡杠杆上方涨到某个位置时,股价就会下跌,当股价在平衡杠杆下方跌到某个位置时,股价就会上涨,在一定时间内股价会多次重复相同的形态走势，如图 1-11 所示。在股票市场有时也把这种现象称为"股市地心引力说"理论[1]。

图 1-11　横店东磁（002056）

2. 市场平衡杠杆现象运行的股票区间

市场平衡杠杆现象，一般运行在市场横盘整理区间和股票波段运作区间两方面。例如，002056 横店东磁，从 2010 年 4 月到 2010 年 8 月份，为横盘整理区间的平衡杠杆现象。000090 深天健，从 2009 年 11 月到 2010 年 1 月份，运行股价就具有平衡杠杆现象，属于股票波段运作区间。

市场平衡杠杆现象，对投资者进行滚动操作或者是波段交易将起到很重要的辅助作用。

习题

1. 什么是市场逆向对称性？市场逆向对称形态通常分为哪两种？

2. 市场逆向对称性理论对投资者的作用是什么？

3. 什么是平衡杠杆现象，它一般运行在哪两个区间？

---

[1]　文献参考：《股票投资 100 招》，台湾，胡立阳著。移动平均线值 =（MA30+MA72）除以 2，仅适用于大盘分析。

第八节　成交量与八阶律

成交量是看盘的一项重要技术要领，优秀的研判能力源于平时的学习和经验的积累。在第五节中我们简单讲解了"价未动，而量先行"的股市运行规律，在技术面分析中，只有把K线分析与成交量分析相结合，才能真正读懂市场的语言，洞悉股价变化的奥妙之处。很多投资者对于成交量变化的规律性认识还不够，本节将从成交量变化的八个阶段总结为"八阶律"，详细论述如下。

八阶律是股票术语，即将一个圆形的圆周分八等份，依次直线连接圆周上的八个点，将最下面的一根线段标记1，然后再逆时针依次将线段标记2至8，加上横坐标"成交量"和纵坐标"股价"，这样我们就得到一个完整的成交量变化，八个阶段的规律图，如图1-12所示。

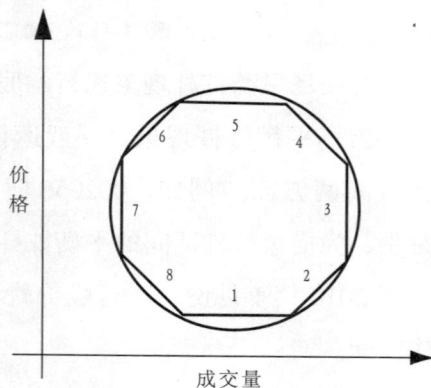

图1-12　成交量和股票价格在八个不同阶段的变化（八阶图）

一、图1-12为"逆时针曲线图"坐标，依股价运行变化轨迹"几"字来看，可分为四个阶段

第一阶段为吸货筑底阶段（即八阶图1段）。

第二阶段为拉升阶段，相当于成交量变化八阶段中的2增量拉升，3等量拉升和4锁筹缩量拉升段（即八阶图2、3、4段）。

第三阶段为高位筑头阶段，相当于成交量变化八阶段中的 5 缩量滞涨段（即八阶图 5 段）。

第四阶段为打压出货阶段，相当于成交量变化八阶段中的 6 缩量阴跌，7 等量下跌，8 放量暴跌阶段（即八阶图 6、7、8 段）。

二、成交量变化八个阶段的"八阶律"详述分析

1. 量增价平，转阳信号

股价经过持续下跌的低位区，出现成交量增加股价企稳现象，此时一般成交量的阳柱线明显多于阴柱，凸凹量差比较明显，说明底部在积聚上涨动力，有主力在进货为中线转阳信号，可以适量买进持股待涨。有时在上升趋势中途也会出现"量增价平"，则说明股价上行暂时受挫，只要上升趋势未破，一般整理后仍会有行情。

2. 量增价升，买入信号

成交量持续增加，股价趋势也转为上升，这是短中线最佳的买入信号。"量增价升"是最常见的多头主动进攻模式，应积极进场买入，与市场主力共舞。

3. 量平价升，持续买入

成交量保持等量水平，股价持续上升，可在期间适时参与。

4. 量减价升，继续持有

成交量减少，股价仍在继续上升，适宜继续持股，即使如果锁筹现象较好，也只能是小资金短线参与，因为股价已经有了相当的涨幅，接近上涨末期了。有时在上涨初期也会出现"量减价升"，则可能是昙花一现，但经过补量后仍有上行空间。

5. 量减价平，警戒信号

成交量显著减少，股价经过长期大幅上涨之后，进行横向整理不再上升，此为警戒出货的信号。此阶段如果突发巨量天量拉出大阳大阴线，无论有无利好利空消息，均应果断派发。

6. 量减价跌，卖出信号

成交量继续减少，股价趋势开始转为下降，为卖出信号。此为无量阴跌，底部遥遥无期，所谓多头不死跌势不止，一直跌到多头彻底丧失信心斩仓认赔，爆出大的成交量（见阶段8），跌势才会停止，所以在操作上，只要趋势逆转，应及时止损出局。

7. 量平价跌，继续卖出

成交量停止减少，股价急速滑落，此阶段应继续坚持及早卖出的方针，不要买入，当心"飞刀断手"。

8. 量增价跌，弃卖观望

股价经过长期大幅下跌之后，出现成交量增加，即使股价仍在下落，也要慎重对待极度恐慌的"杀跌"，所以此阶段的操作原则是放弃卖出，空仓观望。低价区的增量说明有资金接盘，说明后期有望形成底部或反弹的产生，适宜关注。有时若在趋势逆转跌势的初期出现"量增价跌"，那么更应果断地清仓出局。

习题

1. 什么是八阶律，依股价运行变化轨迹"几"字来看，可分为哪几个阶段？

2. 成交量八阶律分为哪八个阶段？

3. 拉升阶段和打压出货阶段分别包括哪几个八阶图阶段？

第二章
周线判定分析

DIERZHANG

ZHOUXIANPANDINGFENXI

证券技术分析由宏观证券技术分析和微观证券技术分析两部分组成；宏观价值投资和微观波段交易是证券投资交易原理的核心内容，也是该原理的学术指导思想；周线判定理论是微观证券技术分析的标准理论，也是微观波段交易的技术研判理论。

第一节　KDJ 指标的运用分析

KDJ 指标，又叫随机指标。由美国的乔治·莱恩博士所创，其综合了动量观念、强弱指标及移动平均线的优点，也是欧美证券、期货市场常用的一种指标技术分析工具。

随机指标设计的思路与计算公式都起源于威廉理论（W&R），但比威廉指标更具有使用价值，W&R 指标一般只限于用来判断股票的超买和超卖现象，而随机指标却融合了移动平均线的思想，对买卖信号更加准确，它是波动于 0 ~ 100 之间的超买超卖指标，由 K、D、J 三条曲线组成。

在计算过程中主要研究高低价位与收盘价的关系，即通过计算当日或最近数日的最高价、最低价以及收盘价等价格波动的真实波幅，充分考虑了价格波动的随机振幅和中短期波动的测算，使其短期测市功能比移动平均线更准确有效，在市场短期超买超卖方面，又比相对强弱指标（RSI）敏感。KDJ 是一个随机波动的概念，反映了价格走势的强弱和波段的趋势，对把握中短期的行情走势十分敏感。

一、KDJ 计算公式

KDJ 一般是根据统计学的原理，以 9 日特定周期的 KDJ 为例，首先算出最近 9 天的"未成熟随机值"，即 RSV 值。RSV 的计算公式如下。

$RSV_t = (C_t - L_9) / (H_9 - L_9) \times 100$

公式中：C_t——当日收盘价 [1]

---

[1]　当日收盘价，即为第九日收盘价。

L9——9 日内最低价

H9——9 日内最高价

得出 RSV 值后，便可求出 K 值与 D 值。K 值为 RSV 值 3 日平滑移动平均线，而 D 值为 K 值的 3 日平滑移动平均线，三倍第九日 K 值减去两倍第九日 D 值得到 J 值，其计算公式为：

Kt=RSVt/3 ＋ 2/3 × K（t−1）[1]

Dt=Kt/3 ＋ 2/3 × D（t−1）

Jt=3 × Kt−2 × Dt

如果没有 KD 数值，则可以分别用当日的 RSV 值或者 50 代替前一日的 KD 之值。经过平滑运算之后，起算基础不同的 KD 值将趋于一致，K 值与 D 值永远介于 0~100 之间。根据快、慢移动平均线的交叉原理，K 线向上突破 D 线为买进信号，即行情是一个明显的涨势。K 线跌破 D 线为卖出信号，即行情是一个明显的跌势。

二、KDJ 指标的研判

1. KDJ 指标的数值分析

在 KDJ 指标中，K 值和 D 值的取值范围都是 0~100，而 J 值的取值范围可以超过 100 和低于 0，在分析软件上，KDJ 的数值范围都是 0~100。在敏感性上，通常 J 值最强，K 值次之，D 值最慢；在安全性上，J 值最差，K 值次之，D 值最稳。

根据 KDJ 的取值，可将其划分为三个区域，即超买区、超卖区和持续区。按一般划分标准，K、D、J 三值在 20 以下为超卖区，是寻底区域；K、D、J 三值在 80 以上为超买区，是见顶区域；K、D、J 三值在 20~80 之间为持续区，即持续增长或持续下跌区域。

[1]　t：第九日的意思；t−1：为第八日的意思。

一般而言，当 K、D、J 三值在 50 附近时，表示多空双方力量均衡；当 K、D、J 三值都大于 50 时，表示多方力量占优势；当 K、D、J 三值都小于 50 时，表示空方力量占优势。

2. KDJ 的曲线形态

KDJ 曲线形态分为螺旋式和波浪式两种分析形态。螺旋式形态分析分为螺旋式上涨形态和螺旋式下跌形态两种，如图 2-1 所示；波浪式形态可以从两方面来分析。

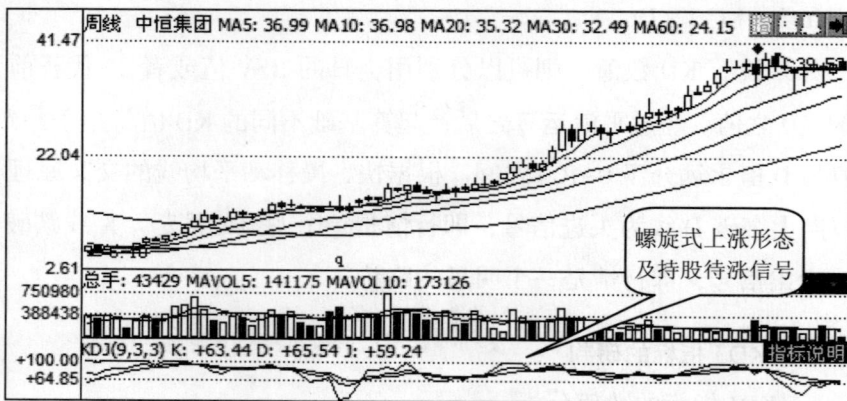

图 2-1　中恒集团（600252）

（1）当 KDJ 曲线在 50 上方的高位时，如果 KDJ 曲线的走势形成头肩顶或 M 头等顶部反转形态，可能预示着股价由强势转为弱势，股价即将下跌，应及时调整仓位或卖出股票。此时，如果股价的曲线也出现同样形态则更可确认，则可以用顶部形态理论来研判，如图 2-2 所示。

图 2-2　沃尔核材（002130）

（2）当 KDJ 曲线在 50 下方的低位时，如果 KDJ 曲线的走势出现 U 型底或 W 底等底部反转形态，可能预示着股价由弱势转为强势，股价即将反弹或反转上涨，可以逢低分批建仓或直接买进股票。此时，如果股价曲线也出现同样的形态，则可以用底部形态理论来研判。

3．KDJ 曲线所处的位置和运行方向

持股待涨信号

（1）当 KDJ 曲线向上突破 80 以后，如果 KDJ 曲线一直运行在 80 以上区域，则意味股价处于强势上涨行情之中，这是 KDJ 指标发出的持股待涨信号。此时，如果股价也依托中长期或短期均线上行，这种持股信号更加明显，投资者应坚持持股待涨，图 2-1 所示。

（2）当 KDJ 曲线中的三条曲线同时向上运行，表明股价是处于强势上升行情之中，这也是 KDJ 发出的持股待涨信号。只要 KDJ 指标中的 K 线和 J 线不向下跌破 D 线，并且 D 线的运行方向始终朝上，投资者则可一路持股待涨。

持币观望信号

（1）当 KDJ 曲线向下突破 50 以后，如果 KDJ 曲线一直运行在 50 以下区域，则意味着股价处于弱势下跌行情之中，这是 KDJ 指标发出的持币待涨信号，此时，如果股价也被中长期或短期均线压制下行，这种持币观望信号更加明显，投资者应坚决持币观望。

（2）当 KDJ 曲线在中高位（50 以上）死叉后，如果三条曲线同时向下发散，表示股价是处于弱势下跌行情之中，这也是 KDJ 指标发出的持币观望信号。此时，投资者应坚决持股观望。

4. 综合运用 KDJ 与 MACD[1] 指标

目前，在股票市场最常用的技术指标是 KDJ 与 MACD 指标。KDJ 指标是一种超前指标，运用上多以短线操作为主；而 MACD 又叫平滑异同移动平均线，是市场平均成本的离差值，一般反映中线的整体趋势。理论上分析，KDJ 指标的超前主要是体现在对股价的反应速度上，但由于其速度较快而往往造成频繁出现的买入卖出信号失误较多；MACD 指标则因为基本与市场价格同步移动，使发出信号的要求和限制增加，从而避免了假信号的出现。这两者结合起来判断市场的好处是：可以更为准确地把握住 KDJ 指标短线买入与卖出的信号。同时由于 MACD 指标的特性所反映的中线趋势，利用两个指标将可以判定股票价格的中、短期波动。

投资者在指标运用过程中往往会产生这样的疑惑：有时指标严重超买，价格却继续上涨；有时指标在超卖区钝化十几周而价格仍未止

---

[1] MACD（英文全称 Moving Average Convergence and Divergence），是美国查拉尔·阿佩尔（Geral Appel）于 1979 年提出的，它是一项利用短期（常用为 12 日）移动平均线与长期（常用为 26 日）移动平均线之间的聚合与分离状况，对买进、卖出时机做出研判的技术指标。

跌企稳。实际上，投资者在这里混淆了指标与价格的关系。指标不能决定市场的走向，价格本身才决定指标的运行状况。价格是因，指标是果，由因可推出果，由果来溯因则是本末倒置。事实上，最能有效体现市场行为的是形态，投资者首先应当从技术形态中分析市场参与者的心理变化并服从市场。在涨跌趋势未改变之前，不要试图运用指标的超买、超卖或钝化等来盲目断定市场该反弹、该回调了。所以我们应当灵活地运用 KDJ 指标，充分发挥其辅助参考作用。

习题

1．KDJ 指标是由谁提出的？它的创立原理是什么？

2．LDJ 的数值分析包括哪些内容？

3．KDJ 的曲线形态是怎么划分的？分别是什么？

4．什么是持股待涨信号和持币观望信号？

第二节　红色密码线

红色密码线是指周线 K 线图[1]经过几周的连续阴线下跌，空方力量波段性减弱，并由此形成红色 K 线图，多方力量开始占据相对优势，接下来往往会有数周的反弹行情。这个红色 K 线图就被称为红色密码 K 线，即红色密码线。

红色密码线，具有简单易懂，准确性高的特点，但在实际操作中，想把它运用好也非易事，所以我们必须把握以下几个要点：

（1）红色密码线是以周线为判定依据，它适用于游资派系股票，或者是具有波段性操作的股票。如图 2-3 所示。

图 2-3　深天健（000090）

---

[1] K 线图，又称蜡烛图，起源于日本德川幕府时代（1603—1867 年），被当时日本米市的商人用来记录米市的行情与价格波动，后因其细腻独到的标画方式而被引入到股市及期货市场。在日本 "K" 并不是写成 "K" 字，而是写作 "罫"（日本音读 kei），K 线是 "罫线" 的读音，K 线图称为 "罫线图"，西方以英文第一个字母 "K" 直译为 "K" 线，K 线图由此发展而来。

（2）红色密码线，在下降通道中，或者是在平衡市场中具有绝对性判定权威，同时也适用于上升通道中，但在上升通道中它的作用并不显得那么重要。

（3）在周线判定时，必须是在每周的第五个交易日收盘结束，才能为准确判定。

（4）红色密码线所对应的成交量，要支持下一步股价的平稳上升。同时，所对应指标要保持趋势一致。

（5）大盘与个股趋势相对一致。

红色密码线的研判通常是从三个方面来分析的，它们分别是K线、成交量和辅助指标，在这里辅助指标是以KDJ指标为主，下面将对K线、成交量和辅助指标进行分析。

1．K线分析

红色密码线的K线分析，主要是从K线和K线组合形态两方面加以分析的。K线形态分析，在经过几周波段性单边下跌后，K线形态递缩到极小，不再是较长的、下跌幅度较大、阴线很饱满的K线形态，而是跌出了红色"孕育小K线"，其特点就一个字，小。K线小，多以较长的小下影线为主，小上影线为辅，中间像是一个小孕妇肚，预示着新的上升波段已开始酝酿。这个红色"孕育小K线"就是红色密码线的显著特点；K线组合形态分析，就是在波段性单边下跌后，出现了两个或两个以上的红色"孕育小K线"，或者是红、绿色混合性"孕育小K线"，其特点是"孕育小K线"呈现横向排列，多伴有较长的小下影线，呈多针探底形态，这种K线组合形态被称为组合红色密码K线。红色密码线多以组合红色密码K线为主，其研判的准确性最高，如图2-3红色密码线1所示。

2．成交量分析

红色密码线对应的成交量分析，也可以用一个字来体现，那就是小。成交量极小，也就是我们所称的地量。其表现形式是 K 线向下跌不动了，所对应的成交量也无量可跌了，俗话说，物极必反，这时股价就会触底形成向上走势，如图 2-3 所示。

3．KDJ 指标辅助研判分析

红色密码线所对应的 KDJ 指标，通常 D 值要在 20 以下，并呈现走平形态，此时 J 值多数成向上走势。单边上涨的螺旋式形态除外，如果 D 值高于 20 低于 50，则属于股价运行在高位的递缩波段形态，其波段上涨幅度要比 D 值低于 20 的小很多，但 K 线形态和成交量形态必须支持红色密码线的成立，否则应谨慎操作。

红色密码线在实际表现中，有自己的特点：红色密码线总是出现在连续几周的下跌后，下跌 K 线并呈递减形态，但 K 线形态和下跌幅度各有各的不同；红色密码线一般表现为比较小的 K 线形态和较小的增长幅度；红色密码线出现后，因各股的拉抬手法不同，有从第二周即开始拉升的，也有从第三周以后才开始拉升的，它们往往是连续数周的阳线拉升后，开始下一轮下跌调整格局。

由此，根据红色密码线的特点，我们判定为红色密码线出现后的第二周即为买点，卖点可根据波段头部的判定标准来执行。中间一般没必要做滚动操作，因为它本身就是一个波段性交易行为，在这里要注意一个问题，那就是股票的流通性。

红色密码线，是周线判定理论的一次重大技术发现，也是第一次被分解为红色密码线理论，从波段性交易行为来看，红色密码线理论体现了核心技术的判定优势，所以红色密码线技术理论的形成，使周

线判定理论得到进一步的发展和完善，它将在证券投资的实际判定中
发挥重要的作用。

习题

1．什么是红色密码线，红色密码线在运用中要把握哪些要点？

2．红色密码线是通过什么来研判的，分别是什么？

3．什么是红色"孕育小 K 线"？红、绿色混合性"孕育小 K 线"
又是指什么？分别举例说明各自的表现特征。

第三节　MACD 指标的运用分析

　　MACD 指标称为指数平滑异同移动平均线，是从双移动平均线发展而来的，由快的移动平均线（DIFF[1]）减去慢的移动平均线（DEA[2]），MACD 指标的意义和双移动平均线基本相同，但运用起来更加方便。也就是说，MACD 指标是基于均线的构造原理，对股票收盘价进行平滑处理后的一种趋向类指标，它主要由两部分组成，即正负差（DIFF）和异同平均数（DEA），其中，正负差是核心，DEA 是辅助。在本章第一节中我们已初步了解了 MACD 指标，本节主要从 MACD 指标的运用方面来分析。

一、MACD 计算公式

　　MACD=（当日的 DIFF– 当日的 DEA）×2（即彩色柱状线）

　　12 日平滑系数（L12）=2/（12 ＋ 1）=0.1538

　　26 日平滑系数（L26）=2/（26 ＋ 1）=0.0741

　　12 日指数平均值（12 日 EMA）=L12× 当日收盘指数＋ 11/（12 ＋ 1）× 昨日的 12 日 EMA

　　26 日指数平均值（26 日 EMA）=L26× 当日收盘指数＋ 25/（26 ＋ 1）

---

[1]　DIFF 线（Difference），收盘价短期、长期指数平滑移动平均线间的差，也就是（12个交易日的指数平滑移动平均线）–（26个交易日的指数平滑移动平均线）。

[2]　DEA 线（Difference Exponential Average），DIFF 线的 M 日指数平滑移动平均线，DIFF 线本身就是 12 个交易日的指数平滑移动平均线减去 26 个交易日的指数平滑移动平均线所得的"值差"，而 DEA 则是连续 9 日的这个差值的平均数。

参数：short（短期）、long（长期）、M（天数），一般为 12、26、9。

× 昨日的 26 日 EMA

　　EMA（Exponential Moving Average），指数平均数指标

　　差离率（DIFF）=12 日 EMA−26 日 EMA

　　9 日 DIFF 平均值（DEA）= 最近 9 日的 DIFF 之和 /9

二、MACD 指标的研判

MACD 常用参数是快速平滑移动平均线为 12，慢速平滑移动平均线参数为 26。此外，MACD 还有一个辅助指标——柱状线（BAR），柱状线是有颜色的，在高于 0 轴以上是红色，低于 0 轴以下是绿色，前者代表趋势较强，后者代表趋势较弱。当 MACD 以大角度变化，表示快的移动平均线和慢的移动平均线的差距非常迅速地拉开，代表了一个市场大趋势的转变。

下面是投资者在股市中使用 MACD 指标应当遵循的基本原则。

1. 当 DIFF 和 DEA 处于 0 轴以上时，属于多头市场，如图 2-4 所示，DIFF 线自下而上穿越 DEA 线时是买入信号。DIFF 线自上而下穿越 DEA 线时，如果两线值还处于 0 轴以上运行，仅仅只能视为一次短暂的回落，而不能确定趋势转折，此时是否卖出还需要借助其他指标来综合判断。

2. 当 DIFF 和 DEA 处于 0 轴以下时，属于空头市场。DIF 线自上而下穿越 DEA 线时是卖出信号，DIF 线自下而上穿越 DEA 线时，如果两线值还处于 0 轴以下运行，仅仅只能视为一次短暂的反弹，而不能确定趋势转折，此时是否买入还需要借助其他指标来综合判断。

3. 柱状线收缩和放大。一般地说，柱状线的持续收缩表明趋势运行的强度正在逐渐减弱，当柱状线颜色发生改变时，趋势确定转折。但在一些时间周期不长的 MACD 指标使用过程中，这一观点并不能完

全成立。

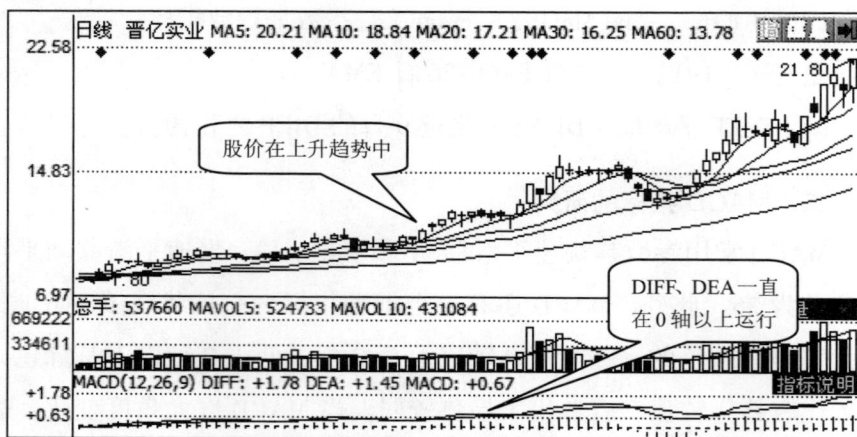

图 2-4 晋亿实业（601002）

4. 形态和背离情况。MACD 指标也强调形态和背离现象。当形态上 MACD 指标的 DIFF 线与 DEA 线形成高位看跌形态，如头肩顶、双头等，应当保持警惕；而当形态上 MACD 指标 DIFF 线与 DEA 线形成低位看涨形态时，应考虑进行买入。在判断形态时以 DIFF 线为主，DEA 线为辅。当价格持续升高，而 MACD 指标走出一波比一波低的走势时，意味着顶背离出现，预示着价格将可能在不久之后出现转头下行，当价格持续降低，而 MACD 指标却走出一波高于一波的走势时，意味着底背离现象的出现，预示着价格将很快结束下跌，转头上涨。

5. 牛皮市道中指标将失真。当价格并不是自上而下或者自下而上运行，而是保持水平方向的移动时，我们称之为牛皮市道，此时虚假信号将在 MACD 指标中产生，MACD 指标 DIFF 线与 DEA 线的交叉将会十分频繁，同时柱状线的收放也将频频出现，颜色也会常常由绿转红或者由红转绿，此时 MACD 指标处于失真状态，使用价值相应降低。

就其优点而言，MACD 可自动定义出目前股价趋势的偏多或偏空，避免逆向操作的危险。而在趋势确定之后，则可确立进出策略，避免无谓的进出次数，或者是发生因进出时机不当而造成不利后果。MACD虽然适于研判中期走势，但不适于短线操作。再者，MACD可以用来研判中期上涨或下跌行情的开始与结束，但对箱形的大幅振荡走势或胶着不动的盘面并无价值。同理，MACD用于分析各股的走势时，较适用于狂跌的投机股，对于价格很少变动的所谓牛皮股则不适用。总而言之，MACD的作用是从市场的转势点找出市场的超买超卖点。

习题

1．什么是MACD指标的DIFF线和DEA线，其中哪条线是核心？

2．上升趋势和下跌趋势在MACD指标中是怎么划分的？

3．MACD指标在实际运用过程中应该注意哪些问题？

第四节　绿色回归线

绿色回归线是指周线 K 线图经过几周的连续阳线上升拉抬，多方力量波段性减弱，并由此形成绿色 K 线图，空方力量开始占据相对优势，接下来往往会有数周的下跌行情。这个绿色 K 线图就被称为绿色回归 K 线，即绿色回归线。

绿色回归线，与红色密码线一样，具有简单易懂，准确性高的特点，但在实际操作中，必须把握以下几个要点。

1. 绿色回归线以周线为判定依据，它适用于大波段行情操作或者是下降通道中的波段行情分析，如图 2-5 所示。

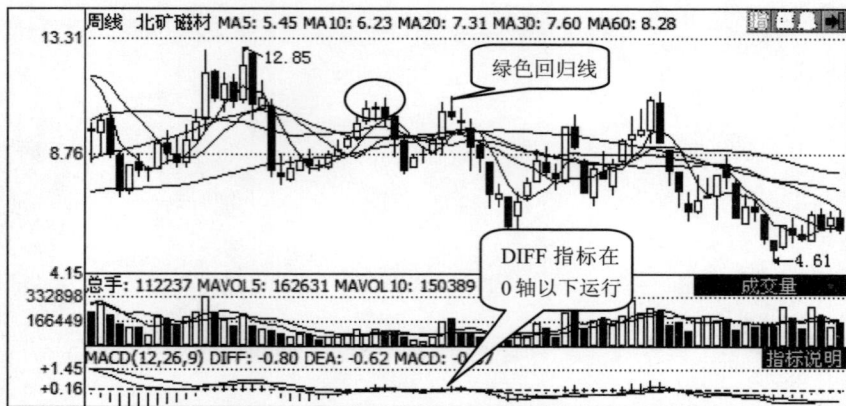

图 2-5　北矿磁材（600980）

2. 绿色回归线在上升通道中，被分解为两个部分，即强势回访线和弱势回访线，统称为绿色回访线。绿色回访线只能存在于上升趋势的牛势行情中（以个股走势为准），绿色回访线以 10 日移动平均线为分界线，回访价位高于 10 日均线的绿色信号 K 线为强势回访线，而回访价位低于 10 日均线的绿色信号 K 线为弱势回访线。

3. 根据绿色回归线技术，在上升通道中，我们要以强势回访线的股票为布局重点。在强势回访线中，原则上是不做换手交易的，投资者应避免频繁操作，应该多看少动，甚至不做滚动交易，一直持有到行情结束，如图 2-6 所示；但在弱势回访线中，根据个股股性的差异，要适当做好滚动交易，以降低持股成本，扩大投资收益。

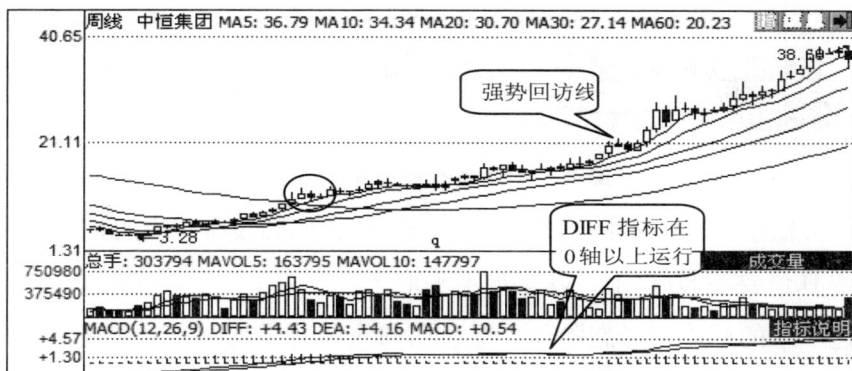

图 2-6 中恒集团（600252）

绿色回归线的研判通常是从三个方面来分析的，它们分别是 K 线、成交量和辅助指标，在这里辅助指标是以 KDJ 指标为主，MACD 指标为辅。下面将对 K 线、成交量和辅助指标进行分析。

1. K 线分析。绿色回归线的 K 线分析，主要是从 K 线和 K 线组合形态两方面加以分析的。K 线形态通常有四种，分别是波段性高位出现的高阴量小阴线、高阴量大阴线、高阴量上影线、高阴量组合上影线四种形态；弱势回访线的 K 线形态通常是高阳量后出现的相对低阴量小阴线或者低阴量组合上影线。

2. 成交量分析。绿色回归线所对应的成交量，用一个字来说那就是大，阴量相对于其他成交量要大；弱势回访线所对应的成交量相对来说要小得多，并且大多在高阳量后出现，如图 2-7。

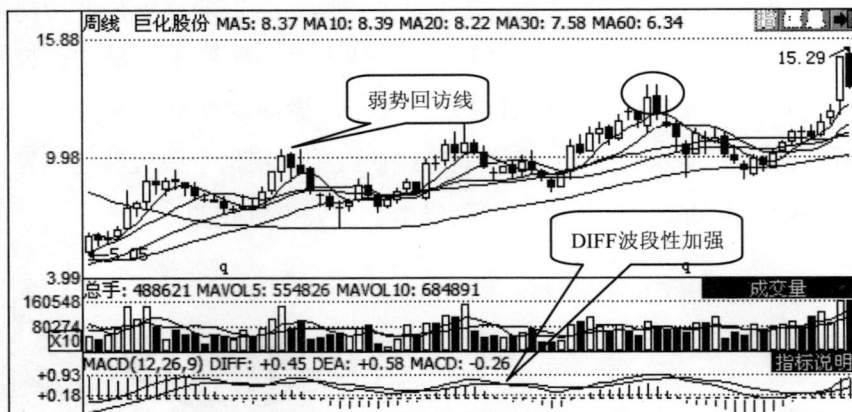

图 2-7　巨化股份（600160）

3. KDJ 和 MACD 指标辅助研判分析。绿色回归线所对应的 KDJ 指标，通常 D 值要在 80 以上，并呈现走平形态，此时 J 值多数成向下走势，单边下跌的螺旋式形态除外；绿色回归线所对应的 MACD 指标，DIFF 线和 DEA 线相对走弱或者是已在 0 轴以下运行；弱势回访线所对应的 KDJ 指标变化不大，MACD 指标波段性加强，但 DIFF 线和 DEA 线通常保持在 0 轴以上运行。

绿色回归线，是周线判定理论的重要组成部分，是继红色密码线之后，第二次被分解为绿色回归线理论。绿色回归线理论的形成，使周线判定理论从技术上得到有效整合，无论从大波段行情操作或者是下降通道中的波段行情分析，还是从上升通道中的回访判定来看，绿色回归线都将起到重要技术的判定作用。

习题

1．什么是绿色回归线，绿色回归线在运用中要把握哪些要点？

2．绿色回归线是通过什么来研判的，分别是什么？

3. 什么是强势回访线和弱势回访线，它们是怎么划分的？强势回访线和弱势回访线的划分，对绿色回归线的研判有什么作用，对股票投资布局又有什么重要影响？

第五节 TSB 技术滚动操作分析

TSB，是英文 The Snowball 的缩写。其意为"滚雪球"，在这里的用意是滚动操作（Trundle operation）。滚动操作是运用在波段市场和横盘整理市场（或者底部横盘建仓期）的一种资金运作方法，它是在波段市场或横盘整理市场，降低持仓成本，实现持续盈利，并使利润最大化的根本保障。滚动操作分为两个部分，一是波段滚动操作，二是精细化滚动操作，以下是这两个部分的论述。

一、TSB 波段滚动操作分析

技术解析：TSB 波段滚动操作不同于平时的波段操作，TSB 波段滚动操作是运用在上涨趋势的波段行情中，如图 2-8 所示。并且它对仓位的控制管理有一定的要求，这是与一般波段操作最大的区别。通常波段滚动操作要锁定仓位的 30% ~ 60% 不动（具体锁定仓位可根据个股实际运作情况而定），用锁定以外的仓位进行波段性滚动操作。

波段滚动操作是以日线和周线技术面为分析依据的，所用指标为 KDJ 指标，对买卖点的研判可根据 KDJ 指标的运用分析，红色密码线和绿色回归线技术，以及底部和顶部的形态判定分析，具体分析本节不再做详细论述。

对 TSB 波段滚动操作投资者需要注意的是，在很强的单边上涨走势中，或者回调幅度很小的上涨走势中，投资者是没有必要做滚动操作的，也就是说，在不需要滚动操作时，操作了反而会增加盈利的机会成本，降低投资收益。

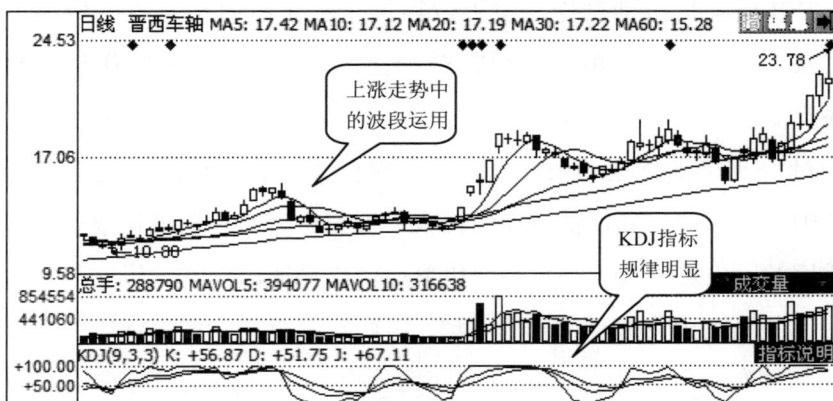

图 2-8 晋西车轴（600495）

二、TSB 精细化滚动操作分析

技术解析：TSB 精细化滚动操作，通常运用于横盘整理市场，也叫作平衡整理市场，主要运用于底部横盘建仓期，市场一般围绕 10% ～ 30% 不等的幅度平衡整理，或蓄势向上整理。它主要采用 60 分钟技术面为分析标准，主要参考指标为 KDJ 指标的运用分析，如图 2-9 所示。

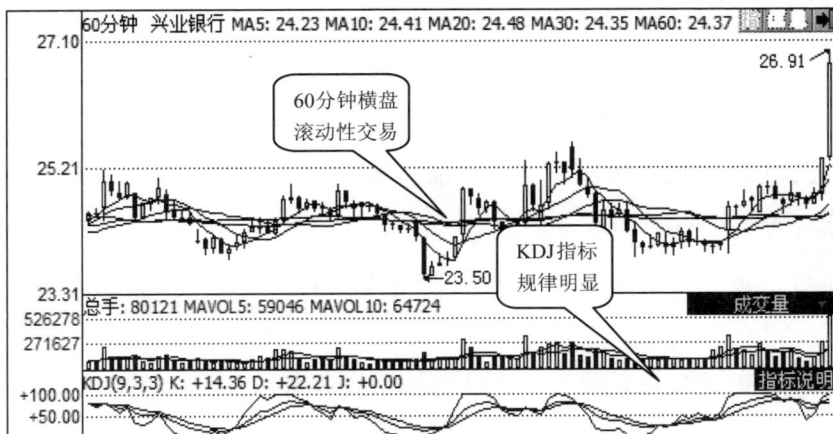

图 2-9 兴业银行（601166）

TSB 精细化滚动操作，也可以运用于买卖时对买卖点的研判，这种方法可以对买卖点的判定更加精细化，使研判点位更加接近所对应的底部低点或顶部高点。

对 TSB 精细化滚动操作投资者需要注意的是，要准确把握它的运用范围，在单边上涨行情或波段性强的股票中，TSB 精细化滚动操作是不适用的，也可以说，TSB 精细化滚动操作是显微化的波段交易分析。运用到 TSB 精细化滚动操作的股票，除底部横盘建仓期的优质股票外，一般不会有很好的收益，至少短期内不会，所以投资者应在优势股票中选择强势投资标的，这样才能获得比较大的收益。

TSB 技术是专门研判滚动操作的交易理论，它是中长期投资理念和技术的有效补充，在中长期投资中是对资金进行有效控制的管理工具；在短期交易方面，TSB 技术是采取较快获利的机动战术。其中，TSB 精细化操盘技术具备超短线操作的获利功能，它具有精尖技术性能。在运用 TSB 技术时，投资者要正确有效地按照要领操作，才能降低持仓成本，实现持续盈利，并使利润最大化，也才能充分发挥它在短期滚动获利方面的作用。

习题

1. 什么是 TSB 技术，它包括哪两个方面的内容？

2. TSB 波段滚动操作与波段操作的区别是什么？在运用时应该注意什么问题？

3. TSB 精细化滚动操作的分析标准是什么？它的运用范围包括哪些？

4. TSB 波段滚动操作与 TSB 精细化滚动操作有什么区别？

第六节　公司可转债与国债、非转债及股票市场的关系

在第一章第三节已对债券及债券市场与股票市场的关系做了分析，本节就公司可转债与国债、非转债及股票市场的关系作进一步的分析。公司债券也可分为不可转换债券（也叫非转债）和可转换债券，可转债分为分离交易可转债（全称为认股权和债券分离交易的可转换公司债券）和普通可转债。

分离交易可转债由两大部分组成，一是可转换债券，二是股票权证，它是债券和股票的混合融资品种。可转换债券是上市公司发行的一种特殊的债券，债券在发行的时候规定了到期转换的价格，债权人可以根据市场行情把债券转换成股票，也可以把债券持有到期归还本金并获得利息。股票权证是指在未来规定的期限内，按照规定的协议价买卖股票的选择权证明，根据买或卖的不同权利，可分为认购权证和认沽权证[1]。因此，对于分离交易可转债业已简单地理解成"买债券送权证"的创新品种。

分离交易可转债与普通可转债的本质区别在于债券与期权可分离

---

[1]　认购权证和认沽权证。购买股票的权证称为认购权证，出售股票的权证叫作认售权证（或认沽权证）。权证又分为欧式权证和美式权证两种。欧式权证是只有到了到期日才能行权的权证，美式权证是在到期日之前随时都可以行权的权证。权证实质反映的是发行人与持有人之间的一种契约关系，持有人向权证发行人支付一定数量的价金之后，就从发行人那里获取了一个权利。这种权利使得持有人可以在未来某一特定日期或特定期间内，以约定的价格向权证发行人购买或出售一定数量的资产。认购权证和认沽权证对正股的敏感度不同，随着正股股价的上升，认购权证的价格上升，认沽权证的价格下跌。行权，是指在指定期间，权证持有人利用有关权利买入或卖出相关股票的行为。

交易。也就是说，分离交易可转债的投资者在行使了认股权利后，其债权依然存在，仍可持有到期归还本金并获得利息，而普通可转债的投资者一旦行使了认股权利，则其债权就不复存在了；普通可转债中的认股权一般是与债券同步到期的，分离交易可转债认股权证的存续期间不超过公司债券的期限，自发行结束之日起不少于六个月，因为认股权证分离交易导致市场风险加大，缩短权证存续期有助于减少投机。

以上是对可转债的进一步了解。那么，公司可转债与国债、非转债及股票市场之间有什么样的关系呢？下面我们将根据走势图做详细分析。

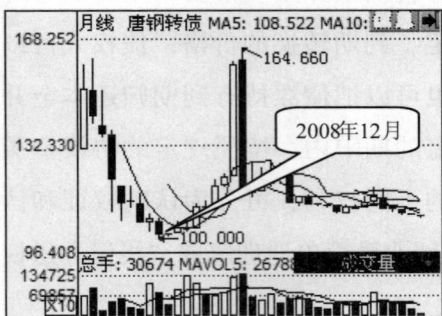

图 2-10　唐钢转债（125709）
（2010 年 01 月唐山钢铁更名为
河北钢铁）

图 2-11　03 国债（3）（010303）

图 2-10 所示，唐钢转债（125709）是普通可转换公司债券，由 2007 年 12 月 14 日发行。从走势图上可以看出，自 2008 年 12 月份，唐钢转债开始形成阶段性底部，并缓慢上行，从此走出了 7 个多月上涨行情；而此时图 2-11 中的 03 国债（3）（010303），则从 2008 年 12 月份形成阶段性顶部开始下行，并由此形成了 7 个多月的下跌行情。从图 2-10 和图 2-11 中，我们可以看出，普通可转债市场和国债市场

是两个相反的行情市场。

我们来看一下图 2-12 中的沪市大盘，自 2008 年 11 月份沪市大盘开始止跌回升，即在 2008 年 10 月，历史性底部 1664.93 点形成，开始从底部逐渐向上拉升，形成了 9 个月的单边上升行情，由此可以看出普通可转债市场与沪市大盘的大体走势是相同的。

河北钢铁[1]（000709），在 2008 年 12 月，股价跌到 3.61 元时底部形成，股价开始止跌回升，形成了半年多的上涨走势，如图 2-13 所示，通过对唐钢转债与河北钢铁的分析，我们知道公司股价走势和公司发行的普通可转债的价格走势是一致的。

图 2-12　上海证券交易所股票
价格综合指数

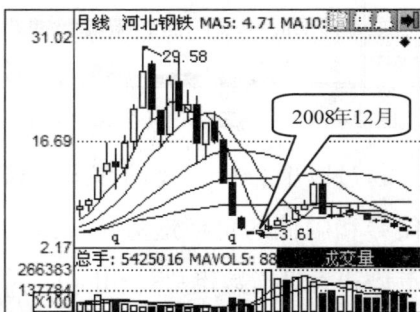

图 2-13　河北钢铁（000709）

06 三峡债（120605），是非转换公司债券，由 2006 年 5 月 11 日发行。从图 2-14 中看出，债券价格自 2008 年 12 月后开始下跌，延续了 7 个月的单边下跌行情，这与图 2-10 所示的唐钢转债，即普通可转换转债的走势是相反的。

08 国电债（126014），是认股权和债券分离交易的可转换公司债券，

---

[1]　河北钢铁，2010 年 1 月 25 日挂牌，是由唐钢股份换股吸收合并邯郸钢铁和承德钒钛而更名组建的。

由2008年5月7日发行。从2008年12月起,债券价格开始滞涨平盘整理,于2009年3月开始下跌,延续了7个月的下跌走势,如图2-15所示,由此我们得知认股权和债券分离交易的可转换公司债券与普通可转换债券的基本走势是相反的。

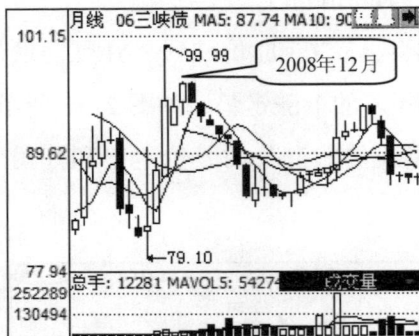

图2-14 06三峡债(120605)   图2-15 08国电债(126014)

通过以上分析,我们知道分离交易的可转换公司债券、非转换公司债券和国债的价格走势是一致的;而普通可转换公司债券、股票价格走势和大盘指数走势是相同的。

由此可以得出结论,通常在市场波段比较明显的情况下,普通可转债与股票市场的走势是相同的;分离交易可转债、非转债和国债三种债券价格走势是相同的,而它们与股票市场的走势是相反的。

习题

1．可转换公司债券分为哪两种?它们的区别是什么?

2．股票市场与哪种债券价格走势是相同的?举例说明。

3．非转债走势与股票市场的走势是怎样的?举例说明。

第三章
宏观证券技术分析

宏观价值投资和微观波段交易是证券投资交易原理的核心内容，也是该原理的学术指导思想；宏观价值投资包括宏观经济政策分析、宏观企业市场价值分析和宏观证券技术分析三个部分；宏观证券技术分析是宏观价值投资的组成部分，也是宏观价值投资的技术分析部分。

第一节　月线双叉定位分析

月线双叉定位分析是月线定位分析系统的重要组成部分，月线定位分析在周线判定理论和季线决策分析中起着承上启下的作用，并且对投资、增持、减持和清盘的市场运作发挥着决策性作用。周线判定理论体系、月线定位分析系统和季线决策分析系统，共同组成了证券投资的三线定位分析系统。本节将对月线双叉定位分析进行详细论述。

月线双叉定位分析是以月 K 线技术面为判定依据的，所用指标为 KDJ 随机指标，双叉在这里是指 KDJ 在低位和高位所形成的金叉、死叉，与均量指标形成的金叉、死叉组成的，如图 3-1 所示。

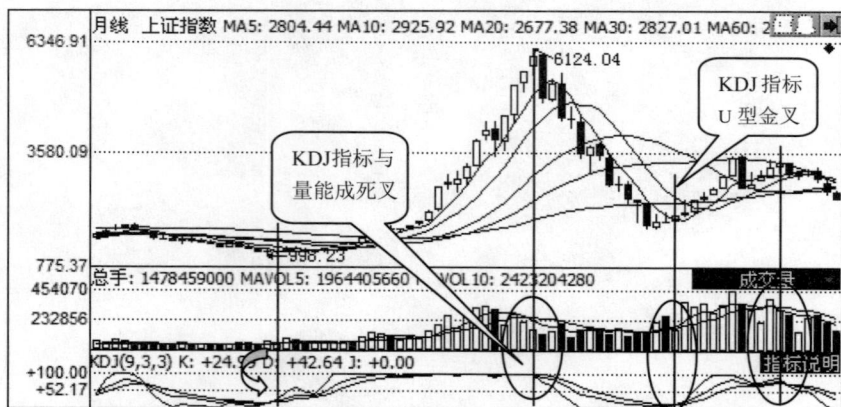

图 3-1　上海证券交易所股票价格综合指数

第一章第五节对成交量的均量指标，在市场底部和顶部的判定已做了论述，那么，本节就不再做详细讲解，下面就 KDJ 指标在月线双叉定位分析中的判定做进一步的论述。

一、KDJ 指标 U 型双叉（包括 W 底或头肩顶、M 头）

KDJ 指标形成的 U 型双叉，一般是大牛或大熊的重要历史性标志，市场奇迹或悲剧往往就在这儿发生，抓住了金叉就等于创造了奇迹，摊上了死叉就很难再有回头之日，所以月线定位分析的 U 型双叉理论，是投资者或投资家们在证券技术方面必备的一门功课。

1. KDJ 指标 U 型金叉分析

当 KDJ 指标的 J 线，在 0 值持续下移并发生长时间钝化后，随着股指的上升，J 线开始抬头上移，与 K 线、D 线形成金叉，不管金叉是在 J 线钝化或反复钝化后形成的，还是在 W 底出现后形成的，看上去总像 U 型形态，所以统称为 KDJ 指标的 U 型金叉，U 型金叉是买进股票的重要信号。

2. KDJ 指标 U 型死叉分析

与 U 型金叉相反，U 型死叉是 J 线在 100 值持续上行，并且发生长时间钝化，或者出现头肩顶、M 头后形成的死叉，与上同理，称为 KDJ 的 U 型死叉。U 型死叉是卖出股票的重要信号。

KDJ 指标 U 型双叉的市场特点：不管市场上涨还是下跌，市场趋势持续的时间较长，市场升幅或跌幅比较大，通常在股票投资历史上具有代表性。

二、KDJ 指标 V 型双叉

KDJ 指标的 V 型双叉一般出现在横盘区域，或涨跌幅度有限的区间。V 型双叉的市场特点一般表现为，无论市场上涨还是下跌，市场趋势持续的时间都相对较短，行情较短，速度较快，如图 3-2 所示。这个时候一般不以双叉为判定依据，而以反转的高低点为依据，具体可参考周线判定理论等其他研判标准。

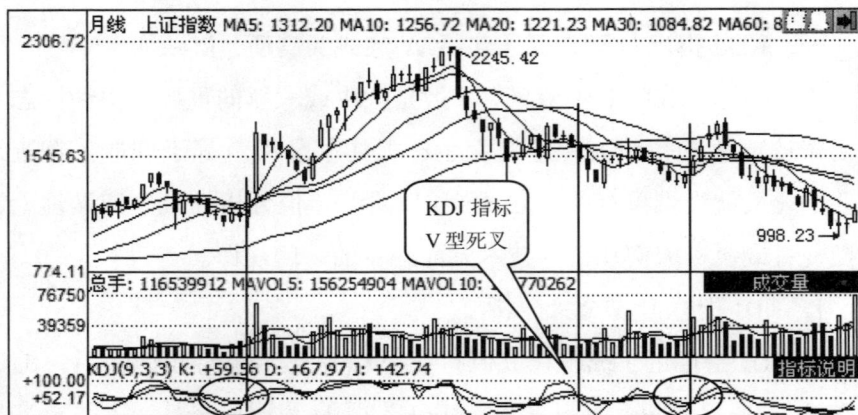

图 3-2　上海证券交易所股票价格综合指数

1. KDJ 指标 V 型金叉分析

KDJ 指标的 J 线在 0 值不发生钝化，直接呈 V 型反转形态，或在 0 值以上出现 V 型反转，与 K 线、D 线形成金叉，称为 KDJ 指标的 V 型金叉。

2. KDJ 指标 V 型 [1] 死叉分析

与 V 型金叉相反，V 型死叉是 J 线在 100 值或 100 值以下形成的 V 型头部，与 K 线、D 线形成死叉，称为 KDJ 指标的 V 型死叉。

在月线双叉定位分析中，KDJ 指标的 U 型双叉有时是反复钝化后形成的，这样就加大了判定难度，因为均量指标具有很高的准确性，所以投资者在应用月线双叉定位分析时，可以与均量指标一起进行综合分析。由于 KDJ 指标的 V 型双叉具有行情短，体现出 V 型双叉的滞后性特点，在具体运用时可参考周线判定理论等其他研判标准。

---

[1]　V 型死叉，"V 型"是反向 V 型；U 型死叉，"U 型"也是反向 U 型。

习题

1．什么是月线双叉定位分析，它通常应用的指标是什么？

2．KDJ 指标 U 型双叉的内容是什么，它有什么特点？

3．解析 KDJ 指标 V 型双叉，它有什么特点，对投资者有哪些思考？

第二节　季线决策分析

第一章第四节就市场底部的形态分析，已对季线决策分析做了部分论述，在这里不再赘述。本节主要从市场反弹高度的宏观预期分析做进一步的讲解。

市场反弹高度的宏观预期分析是以季线为论述依据的，它主要是根据移动平均线的支压理论[1]进行分析，以下是详细论述。

市场反弹高度的宏观预期分析，是以移动平均线为研判核心的，主要采用 10 日和 20 日移动平均线作为判定依据。通常在反弹走势的最上面那条移动平均线，为市场反弹高度的宏观预期点位区域，如图 3-3 所示。

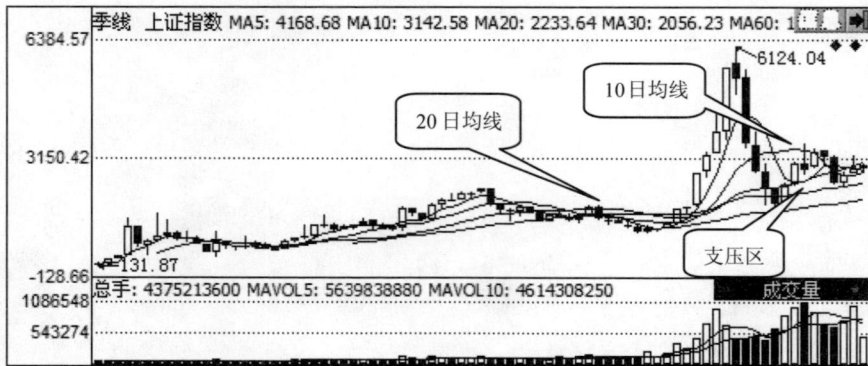

图 3-3　上海证券交易所股票价格综合指数

在 2004 年 6 月 30 日，也就是 2004 年的第二季度，四年熊市中的一次最高反弹点位形成，这次最高反弹点位正是出现在最上面的 20 日

---

[1]　支压理论，是指指数或股价运行在下有支撑位上有压力位的区间里。

移动平均线的压制区间；在 2009 年 9 月 30 日，也就是在第三季度，市场最高反弹点位在最高的 10 日均线压制区间形成。

市场反弹高度的宏观预期分析，只适用于对大盘的分析，或者与大盘走势相近的股票，对持续走强的成长股、题材股等并不适用，这一点投资者务必区分。

习题

1. 市场反弹高度的宏观预期分析是以什么理论进行分析的，它的研判核心是什么？

2. 市场反弹高度的宏观预期分析，主要是以哪两条均线为判定依据的？

3. 对市场反弹高度的宏观预期分析，投资者必须要区分的是什么？

第四章

形态位置分析

DISIZHANG

XINGTAIWEIZHIFENXI

　　形态位置分析，是指不同时期、不同位置、不同形态的技术研判，同时不同形态又决定着不同的投资策略和操盘战术。形态位置分析共分四种形态，分别是123黄金分割递缩形态、箱体折射形态、点对点回探形态和对称回归形态。不同的形态代表着不同周期时段的不同位置，从而为做出不同的投资策略部署提供决定性依据。

第一节　123 递缩形态

123 递缩形态，又叫 123 黄金分割递缩形态，它主要是在大盘见顶后的一种较好的盈利形态，通常应用于市场见顶后的行情操作或游资系股票。

市场行情一般分大盘行情和个股行情[1]两种。在大盘行情中，由于大盘后期的走势，主要是大盘蓝筹股的推动，而二、三线中小盘股或中小板股票与大盘并不同步，有的股票会提前见顶下跌，因自身涨幅远小于主力系股票，所以它总是在一个比较大的区间进行波段交易，这样在大盘见顶后就与主力系股票的对称性下跌，发生了明显的区别，123 递缩形态也就多形成于这个时段；在个股行情中，由于大盘在大盘股的作用下，总是围绕着一个区间上下波动，难有大的行情或者单边行情，而二、三线中小盘股或中小板股票与大盘并不同步，有部分股票会走出独立行情，甚至是大的单边行情，因大盘是波段性运作，即使个股独立行情结束，也不会直接进入单边下跌行情，而是以 123 递缩形态进行过渡，然后破颈线[2]进入深幅下跌期，如图 4-1 所示。

---

[1]　股票市场大盘行情的机会要远小于个股行情，因大盘行情对内在和外在因素的影响，比个股行情更加敏感，更容易波动，所以大盘行情比个股行情要难把握得多。个股行情是由二、三线中小盘股或中小板股票来体现的，所以投资者应该更多地关注于中小盘股或中小板股票。

[2]　颈线是取之于左肩底点与右肩底点的连线，并向左右延伸出去。很多时候，颈线并不是水平的，通常略微向上或向下倾斜，颈线位就是反映一个股价形态的支撑或压力。

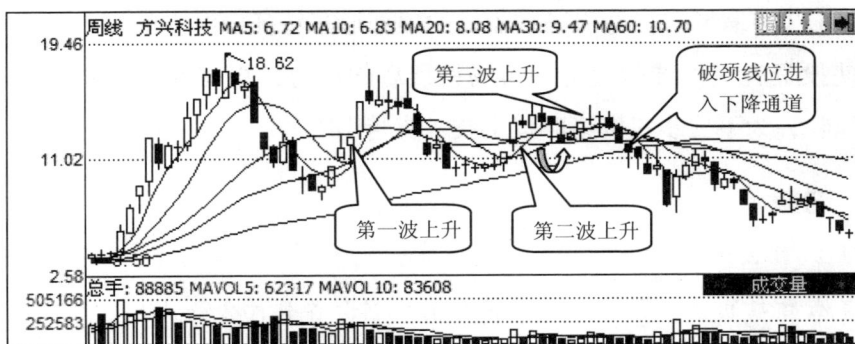

图 4-1 方兴科技（600552）

123 递缩形态，是根据周线判定理论为分析依据的。在周线分析时，有时要用到黄金分割工具，因此 123 递缩形态，又称为 123 黄金分割递缩形态。根据周线判定理论，123 递缩形态的波段操作，同样可以应用红色密码线技术和绿色回归线技术。在 123 递缩形态较小波段行情中，具体可以采用 TSB 精细化操盘技术。

123 递缩形态，123 在这里是指股票见顶回调后的三波上涨行情，这三波上涨行情具有递缩规律，非常适用一鼓作气，再而衰，三而竭的道理。第二波上涨行情小于第一波涨幅，而第三波上涨行情又小于第二波涨幅；而第二波低点高于第一波低点，高点低于第一波高点；第三波低点高于第二波低点，高点低于第二波高点；在黄金分割技术分析工具里，呈现两头向中间逐渐缩小的形态，这样第三波的涨幅就很小了。在这里需要特别注意的是，当第三波或第二波行情结束后，股票将会跌破"颈线位"进入大跌阶段，跌势往往非常凶狠，幅度也非常大，这一阶段往往是针对大盘的补跌。所以当股票运行到第二波时，就应该引起特别注意，尤其是第三波时，要提前做好调仓准备，或者轻仓操作，最大限度规避风险。

123 递缩形态，是市场或股价的顶部形态特征，对它的学习和运用能使投资者更加准确地把握市场见顶后的走势，更有效地规避市场调整风险，为下一步投资策略提供技术支持。

习题

1. 什么是 123 递缩形态，它通常应用于什么市场行情？

2. 市场行情一般分为哪两种行情？它们各有什么特征？

3. 123 递缩形态是以什么理论为分析依据的？ 123 递缩形态的特点是什么？

第二节　箱体折射形态

箱体折射形态，又叫箱底折射形态。它是在市场底部形成的一种无角度、无规则、微波幅的市场形态，箱体折射形态分为横向箱体折射形态和坡式 V 型箱体折射形态两种。

横向箱体折射形态，其最大特点是横盘整理，微利交易。"横有多长，竖有多高"在股票市场指的就是这里。横向箱体折射形态，往往是主力在市场底部的吸货阶段，时间长短各异，一般为 6~12 个月。横向箱体折射形态，从大盘行情来说，属于大的历史性底部形态，在 K 线历史走势图上并不多见，多出现在经济低迷期，或者是经济转型期；从个股行情来看，多出现在企业不景气时期，或受到政策打压期等一些不确定因素的影响阶段。主力系和游资系在折射形态上并没有太大区别，只是游资系表现的灵活些，波幅较大一些，如图 4-2 所示。

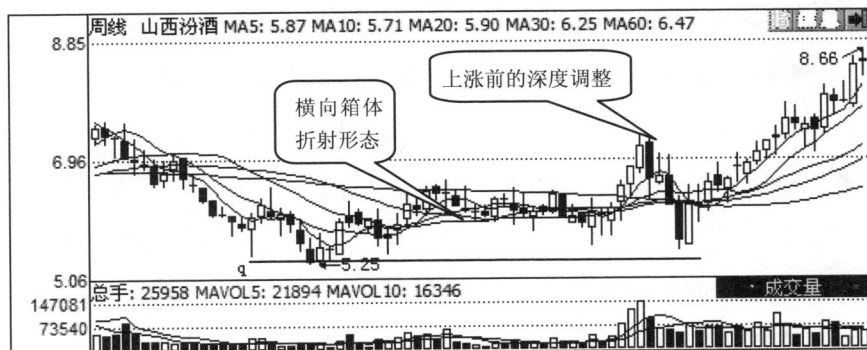

图 4-2　山西汾酒（600809）

坡式 V 型箱体折射形态，是常见的一种底部箱体折射形态，它具有底部整理时间短、行情反转快的特点，通常在底部很少有横向整理的过程，因此是投资者能够实现快速收益的理想底部形态，这是与横向箱体折射形态的明显区别特征，如图 4-3 所示。

在横向箱体折射形态中，需要特别注意的是，在选股方面一定要选择绩优股，并且流通盘适中。因为，在如此低迷的市场中，比较差的企业面临着破产清盘，所以不会有市场关注，股价会跌得很低，也不会存在套利价值。

横向箱体折射形态，是一个微利交易的阶段，整个箱体可能只有15% 的空间，所以盈利的幅度也仅有 3 ~ 5 个百分点。这时，赚钱的难度也可想而知。

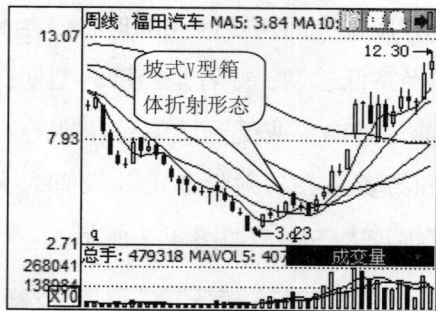

图 4-3　福田汽车（600166）　　图 4-4　洋河股份（002304）

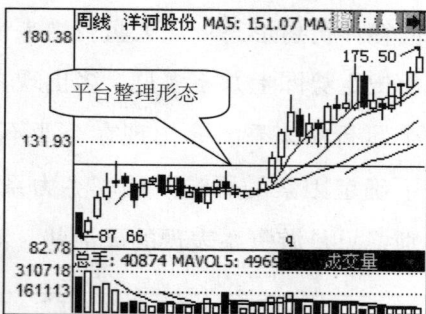

箱体折射形态，因本身所具有的无规则性，所以也不一定是主力的吸化阶段，这就难免出现再度下跌，因此在这里我们可以运用黄金分割技术工具，如果股价向上突破黄金分割的上行线，往往预示着大行情的到来；如果向下跌穿黄金分割的下行线，那么就预示着会有一定的下跌空间。

平台整理形态，是上涨趋势过程中常见的一种横向整理形态，常被看作是一次空中加油。平台整理形态以周线分析为依据，其形态特征表现为 K 线排列比较紧凑，没有波段交易形态，也很少有较长的上下影线，平台整理的时间长短不等，当 K 线出现小红色十字星并伴随量能的增加向上运作时，即为新一轮上涨行情的开始，如图 4-4 所示。

　　在箱体折射形态的判定上，是通过周线来指导分析的，它一定是出现在市场的最底部，形成超跌形态，并开始横盘整理或不规则 V 型反转，此时的 K 线图已经很短，涨跌幅度很小，并由阴转阳。在横向箱体折射形态中，它的操盘分析可以通过日线进行，具体操盘技术可以通过 TSB 精细化操盘技术进行滚动交易，这样才能确保在一定时间内降低持仓成本和时间机会成本，提高收益达到持续盈利的目的。

习题

　　1. 什么是箱体折射形态，它形成在市场的哪个位置？

　　2. 箱体折射形态分哪两种？分别有什么特征？其最明显的区别是什么？

　　3. 什么是平台整理形态，其特征是什么？

第三节　点对点回探形态

点对点回探形态，顾名思义即该次的回探低点为上次的波动高点，并连续重复着相似的形态特征，点对点回探形态是主升浪时期的一种盈利形态，一般股价运行趋势的角度线向上成 45°～60° 不等，像台阶式上涨的一种走势形态。

点对点回探形态，是以周线判定理论为分析标准的，但在个别股票股价运作走势中，其实际滚动交易技术的研判是以日线为分析依据的，因为该类股票在周线图表中，其走势形态及其不规则，它的强势波段优势不能很好地得到体现，所以日线分析更有利于股票的滚动交易，该类股票（除分红送配外），一般没有周线点对点回探形态明显的股票行情上涨的幅度大一些，具体情况可根据个股行情的实际走势来正确判定，如图 4-5 所示。

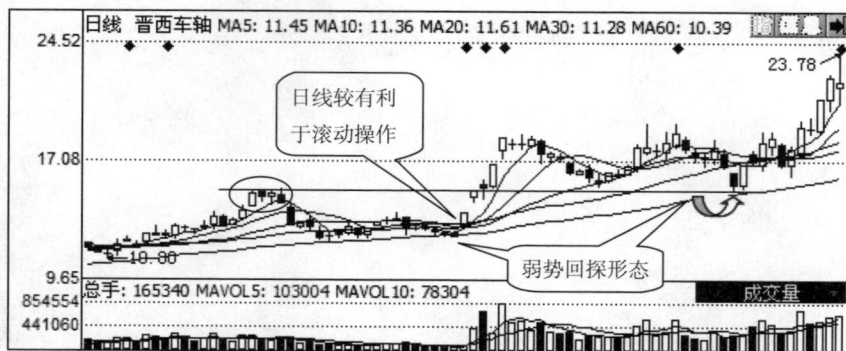

图 4-5　晋西车轴（600495）

点对点回探形态分为强势回探形态和弱势回探形态两种，其特点是股价回探调整的低点通常都在下线拉升的高点位置，并呈现台阶式上涨的特点，如图4-7中的 A 与 A1 两点平行线所示。

　　强势回探形态和弱势回探形态的区别，可以从回探幅度、上涨阶梯趋势线和调整时间等三个方面来分析，可对照图4-5和图4-6加以比较。以下是详细分析。

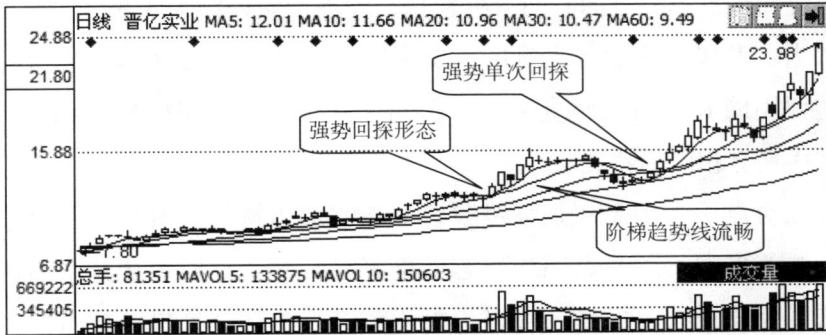

图 4-6　晋亿实业（601002）

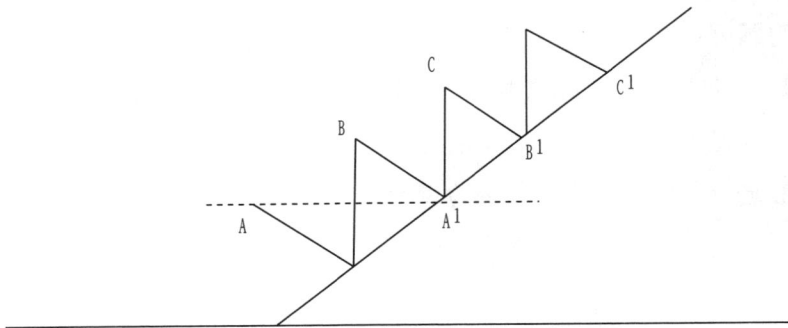

图 4-7　点对点回探走势示意图

　　1. 回探幅度。在回探幅度方面，强势回探形态的回探幅度很小，通常在日 K 线的 10 日均线区域，大的回探幅度一般不会跌破日 K 线的 30 日均线，K 线排列比较紧凑，K 线体相对饱满；而弱势回探形态的回探幅度比较大，通常回探在日 K 线的 30 日均线区域，但一般不会跌破日 K 线的 60 日均线，K 线排列不规则、相对较松散。

2. 阶梯趋势线。强势回探形态的阶梯趋势线比较通畅，并呈 45°左右及以上角度向上运作；而弱势回探形态的阶梯趋势线是不通畅的，呈现不规则受阻形态。

3. 调整时间。强势回探形态调整的时间很短，通常为强势单次回探；而弱势回探形态调整的时间一般较长，并多为弱势双次或多次回探。

当主升段结束后，上升的角度会减小，日 K 线已无法再分析时，我们要用周 K 线进行整合分析，在周 K 线上，点对点回探形态与日 K 线一样具有相同的特点。

点对点回探形态，是强势股票上涨的形态特征，通常呈现单边上涨的走势形态，点对点回探形态理论不仅有助于投资者从技术面研判和选择优质股票，而且还可以为投资者进行滚动交易提供技术分析依据，以此来提高选股质量，扩大股票市场投资收益。

习题

1. 什么是点对点回探形态，它的分析标准、分析依据是什么？

2. 点对点回探形态有什么特点？

3. 点对点回探形态通常分为哪两种回探形态，它们是怎么区分的？

第四节　对称回归形态

对称回归形态，是针对市场顶部形成前的主升段来说的，当市场顶部形成后，股票通常会以对称的特性进行下跌，我们就把这个 K 线下跌走势形态称为对称回归形态。

在对称回归形态中，当市场见顶后，凡是经过主力系超幅度爆炒过的股票，一般都不会有大波段反弹行情，而是大幅度的下跌行情，直至市场底部，在经济环境恶化的背景下，或者企业效益连续低迷的情况下，甚至会形成超跌形态。即使在对称回归形态中，有一定的反弹行情，那么它的反弹点最高也就是上线下跌的低点，即颈线位区域。

在技术面分析上，对称回归形态是以周线为研判标准的，其他周期技术面为辅助研判，可参考上证指数走势图，如图 4-8 所示。

图 4-8　上海证券交易所股票价格综合指数

当市场见顶后，一般会出现两种反弹现象，一是顶部区域的波段性反弹现象；二是对称回归形态中的短暂反弹现象，也可以叫作诱多反弹现象，详细分析如下。

1. 顶部区域的波段性反弹现象。在市场见顶后往往会出现一波快速下跌，然后又快速拉起的交易现象，而这次拉升到的高点正是市场见顶区域，这样的交易现象被称为顶部区域的波段性反弹现象。对顶部区域的波段性反弹现象，要把握的投资要诀是，向"左"看齐逃顶。也就是在大盘或股票前期的重要高点附近卖出股票。

2. 对称回归形态中的诱多反弹现象。在对称回归形态中，诱多反弹的高点通常是上颈线位的低点附近，我们称之为对称回归形态中的诱多反弹现象。对这一反弹现象要把握的投资要诀是，到上"颈线位"卖出股票。当股指进入下降通道，如果投资者手中还有股票的话，在股票价格反弹到上"颈线位"附近时卖出股票。

根据对称回归形态的特点，投资者要坚决履行一条原则，那就是绝对回避。因为对称回归形态是股市运行周期中唯一赔钱的形态，即使有反弹行情，那也是"刀口舔血"，结果就是被割掉舌头，所以对称回归形态是一种残酷无情、赔钱没商量的形态，投资者不要抱任何幻想和侥幸心理。一旦被它诱骗入局，很难再有回头。因此，投资者要把握好投资决策点，在下降通道中，不管时间长短，发生什么事情，不要持股，中途也不要动摇，这是在股市中的生存之本。

最后，对于对称回归形态，让我们记住行为管理学上的一句名言：它要走，就让它走好了，留它只能带来负效益；既然不能带来效益了，它不走就开除它。

习题

1. 什么是对称回归形态，它的研判标准是什么？

2. 市场见顶后的两种反弹现象是什么？它们各有什么特点？

3. 对称回归形态理论给投资者哪些思考？

小结

以上我们从四个章节对四种形态做了分别论述，下面从总体方面做一个归纳。首先我们来认识一下形态位置梯形图，如图 4-9 所示。

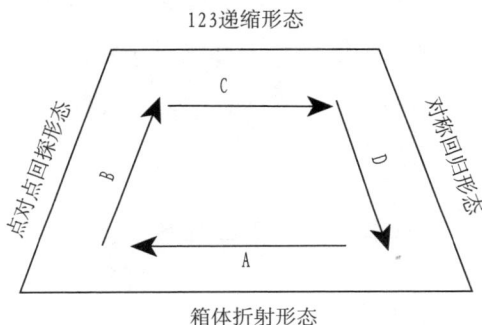

123递缩形态

点对点回探形态   对称回归形态

C

B   D

A

箱体折射形态

图 4-9　形态位置梯形图

从形态位置梯形图上，我们不难看出这四种形态，从不同角度，不同阶段概括了整个股市的运行周期。由底部的箱体折射形态到主升段的点对点回探形态，再由点对点回探形态到市场顶部的 123 递缩形态，然后由 123 递缩形态到主跌段的对称回归形态，最后由对称回归形态再回归到箱体折射阶段，完成一轮股市的运行周期。在这四种形态当中，有三种形态是盈利形态，一种是赔钱形态，把握这一点是至关重要的。

在箱体折射形态中，横向箱体折射形态是一个微利形态，在这一阶段是市场最不活跃、最没人气的阶段，我们说的大熊市通常指的就是这一阶段，它持续的时间一般为 6~12 个月不等，在这一阶段是很难盈利的，往往只有 3~5 个点的盈利点，所以这也是我们必须遵循的市场规律，否则是无法进行套利的；点对点回探形态是主盈利阶段，在这一阶段是大牛市行情，可以说赚钱比较容易，所有的股市奇迹都是出现在这一阶段，所以在这一阶段要敢于重仓，做足主力系，把握好大的波段行情；123 递缩形态，是次盈利形态，在这一阶段盈利的幅度会越来越小，所以投资者应采取轻度仓位，把握好波段行情，这一阶段可以说游资系最具有可操作性；对称回归形态，是赔钱形态，在这一阶段几乎是无法赚钱的。所以无论主力系，还是游资系都不能轻易进行投资操作，特别是主力系它会让投资者赔得很惨，在这一阶段不能抱有任何幻想和侥幸心理，最好的办法是手持现金，或者是投资债券，进行空白市场的有效过渡。

综合练习题

1. 股市的运行周期通常是有哪四种形态组成的，其中盈利和非盈利形态是什么？

2. 主盈期和主跌期分别是哪种形态，各有什么特点？

3. 箱体折射形态是有哪两种形态组成的，它们的区别是什么？

4. 市场见顶后的两种反弹现象是什么，它们各有什么特点？

5. 请学员自己动手制作形态位置梯形图。

第五章
证券价值评估分析

DIWUZHANG

ZHENGQUANJIAZHIPINGGUFENXI

我在自己做企业的过程中学到了很多东西。我投资之所以成功，是因为我懂得怎么做生意；而我生意做得成功，是因为我懂得如何投资。我可以将这两种行为有效地连接贯通，我知道价值是怎样创造出来的。

——沃伦·巴菲特

第一节　证券价值评估分析

在证券投资界，可以被分为两大派，一派是技术投资，技术派是通过对证券价格走势技术的分析，而选择买卖点进行交易，技术面是证券的外在表现，而这种表现往往并不是证券价值的反映，作为证券投资者，只有了解并把握证券的内在价值，才能从本质上进行有效投资，这就要求投资者要从另一方面认识证券；另一派是价值投资[1]，即从证券的内在价值进行分析，来确定投资交易的买卖点。在这里，首先让我们来分析一下企业的两个存量指标。

一、每股净资产（ENA）

每股净资产是指股东权益与总股数的比率。公司净资产代表公司本身拥有的财产，也是股东们在公司中的权益，因此，又叫作股东权益。在会计计算上，相当于资产负债表中的总资产减去全部债务后的余额。从会计报表上看，上市公司的每股净资产主要由股本、资本公积金、

---

[1]　价值投资，也称为定性投资。如今的股票投资也可以被分为两大阵营，主动投资和被动指数化投资。主动投资和被动指数化投资的根本区别，就在于投资经理的投资目标是战胜市场取得超额收益，还是简单的获取市场的平均收益。任何有别于单纯指数化投资的投资策略都是主动投资，而根据投资的风格及方法论，又可以分为主动定量投资和投资者较为熟悉的以巴菲特为代表的定性投资。

定量投资起源于美国的西蒙斯。詹姆斯·西蒙斯是著名的数学家。从1978年BGI（巴克莱全球投资公司）发行第一支定量股票基金到今天，定量投资方法已经在全球范围得到了投资人的广泛认可。定量投资离不开数量模型，模型对于定量投资的辅助作用就像CT机等精密医疗仪器对医生的作用，定量投资的组合决策过程是由系统来完成的。定性主动投资的特点是以深入的基本面分析研究为核心基础，辅以对上市公司的调研，管理层的交流及各类研究报告。

盈余公积金和未分配利润组成。这一指标反映每股股票所拥有的资产现值，其计算公式为：

每股净资产 = 股东权益 ÷ 总股数

每股净资产重点反映股东权益的含金量，它是公司历年经营成果的长期累积。只要企业的净资产是不断增加的，尤其是每股净资产是不断提升的，则表明公司正处在不断成长之中；反则异然。下面是每股净资产的数值分析：

1. 每股净资产大于 2 元时，为正常水平。

2. 每股净资产大于 1 元时，为一般水平。

3. 每股净资产为负值时，则称为"资不抵债"。这样的公司是典型的"败家子"。

每股净资产指标反映了在会计期末每一股份在公司账面上到底值多少钱，假设公司性质相同、股票市价相近的条件下，公司股票的每股净资产越高，则公司发展潜力与其股票的投资价值越大，投资者所承担的投资风险越小；如果一个企业负债过多而实际拥有的净资产较少，它意味着其经营成果的绝大部分都将用来还债；如负债过多出现资不抵债的现象，企业将会面临着破产的危险。

二、每股未分配利润

未分配利润是企业留待以后年度进行分配的结存利润，未分配利润有两个方面的含义：一是留待以后年度分配的利润；二是尚未指定特定用途的利润。资产负债表中的未分配利润项目反映了企业期末在历年结存的尚未分配的利润数额，若为负数则为尚未弥补的亏损。每股未分配利润计算公式为：

每股未分配利润 = 企业当期未分配利润总额 / 总股本

每股未分配利润，是指公司历年经营积累下来的未分配利润或亏损，它是公司未来可扩大再生产或是可分配的重要物质基础。下面是每股未分配利润的数值分析：

1. 每股未分配利润大于 1 元时，为正常。

2. 每股未分配利润大于 0.5 元时，为一般。

3. 每股未分配利润为负值时，为高风险级别。

4. 每股未分配利润低于 –1 元时，为超级垃圾公司。

以上就是对企业的两个存量指标的分析，下面让我们来认识一下价值分析模型。首先，我们来了解一下"价值基值"。

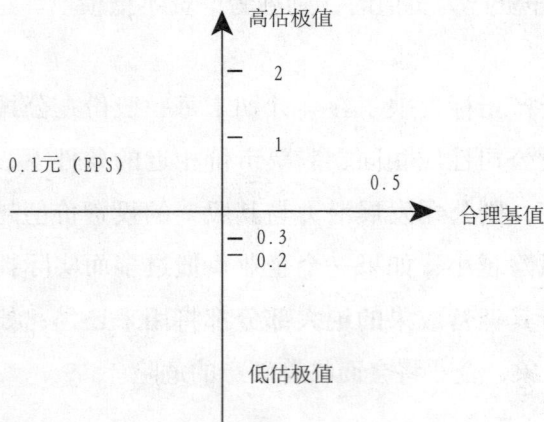

图 5-1　价值基值图

从价值基值图上，我们不难看出，每 0.1 元 EPS[1] 代表着 5 个不同的基值，分别是 0.2，0.3，0.5，1 或 2。当 0.1 元 EPS 为 0.5 基值时，

[1]　每股收益（Earning Per Share，简称 EPS），又称每股税后利润，是指将公司的税后利润除以公司的总股本。每股收益是普通股股东每持有一股公司股票所能享有的企业净利润或需承担的企业净亏损，反映了公司每一股所具有的当前获利能力，是测定股票投资价值的主要动量指标。

意味着股价 P 在合理区间；当 0.1 元 EPS 为 2 基值时，股价 P 已到高估极值区域，必须果断卖出；当 0.1 元 EPS 为 0.2 基值时，股价 P 已在低估极值区域，可以买进。

那么，企业的每股价值又该怎么算呢？我们看下面的公式。

P=ENA × 价值系数

其中，P 是每股价格；ENA 是每股净资产；价值系数是由每 0.1元 EPS 与所对应的基值来计算的。例如：企业的 EPS 为 0.5 元，而 0.1元 EPS 所对应的基值是 0.2，那么它的价值系数为 0.2×5=1，也就是EPS0.1 元的个数与基值相乘所得。

接下来我们重点分析一下这 5 个基值，0.2 是我们采用的价值被严重低估的一个基值，一般好股票只要在这个基值区域，我们便开始毫不犹豫地买进，然后长期持有直到价值被严重高估；0.3 是价值低估基值，它一般需要 EPS 在 0.3 元以上，股价才能高于每股净资产，它对于多数企业也一样是被市场严重低估的；0.5 是一个合理基值，它所对应的股价在一个合理区间，也就是说，在这里买进，股价很可能会再向下跌，但是它同样可以在大的行情中，赢取比较满意的收益；1 基值是价值高估基值，它一般用于一般市场行情，当股价达到这个基值时，我们就可以卖出股票，以规避市场风险；2 基值是企业价值被严重高估的一个基值，这也是我们所采用的最高基值，只要股价达到这个区域，我们要果断地卖出股票，这是在大牛市中采取的一个基值。

另外，能够影响股票价格，反映价值系数的还包括：

1．企业的分红送配[1]能力。

2．公司的地位——它的规模、声誉、财务状况和前景。

3．企业的性质（例如：一家黄金公司价值的收益乘数要大于一家食品公司）。

4．市场总体的趋势。（在牛市条件下使用的乘数要大于熊市）。

最后，让我们记住本杰明·格雷厄姆的一句话，根据总体的市场状况而调整自己的工作，在商业和市场都很平稳时注重寻找价值被低估的证券，而当市场压力和不确定性增大时则应该谨慎行事。

习题

1.股票投资通常分为哪两种投资？什么是定性投资，代表人物是谁？

2.本节分析的存量指标是哪两个？内容各是什么？对价值投资有什么作用？

3.价值分析模型是什么？价值基值是怎么取值的？

---

[1]　分红方案 10 送、转、派是指，10 即每 10 股；送股，是指用公司的"可分配利润"转化成股本送给全体股东，不用花钱的；转增股：是指用公司的"资本公积金"转化成股本送给全体股东，不用花钱的；派现金，是指用公司的"可分配利润"送给全体股东。其中，资本公积金转增股票是不会降每股收益的，而送股会摊薄股本，从而降低每股收益。另外，送转股后如果上市公司股票填权，则对投资者是合适的；如果是贴权，则是现金股利合适。

配股，是指全体股东可按照公司约定的价格按比例进行配股，一般是以低于现价的配股价，买入一定比例所配的股票；定向增发股票，是指公司向几个特定的（一般不超过 10 位）法人或机构投资者增发股票，这是要花钱买的，不过普通投资者没有参与的资格。

第二节　划谷投资交易战术管理

划谷投资交易战术管理，又称为划谷交易技术。它以日线为交易准则，以周线为分析依据，是根据价格涨跌幅度、仓位管理，采用一定比例的递增或递减的原则，对股票投资进行优化配置，以达到合理有效的规避市场风险，降低购买成本，扩大投资收益的交易战术管理体系。

划谷交易技术，适用于波段交易、平衡整理市场。划谷投资交易战术管理，是投资策略与交易战术的有效整合，是对较大投资行情或较大资金运作的战术性理论支持，是投资技术使用价值的集大成。划谷投资交易战术管理，包括以下内容。

一、划谷投资交易战术管理的价格防范和仓位管理

1. 价格防范。划谷交易技术的价格防范，是以市场价格的下跌幅度为依据的，并根据 K 线形态，移动平均线和 KDJ 指标进行综合分析完成的。那么，当市场价格下跌多少，我们就可以考虑初步建仓呢？这里并没有具体的规定，一般为 –20% 以上，大的跌幅为 –30% 以上，之后是按照一定的跌幅比例进一步建仓、加仓的。市场价格的跌幅比例按照递减原则，一般递减值为 –15% 至 –8%，原则上最低的不低于 –5%。

另外，价格防范的初步建仓依据，是根据 K 线形态、均线系统和 KDJ 指标来完成的。K 线形态可以参照红色密码线技术；均线系统可以按照市场常规判定，一般在日 K 线分析中没有太大作用；在比配股，是指全体股东可按照公司约定的价格按比例进行配股，一般是以低于现价的配股价，买入一定比例所配的股票；定向增发股票，是指公司向几个特定的（一般不超过 10 位）法人或机构投资者增发股票，这是要花钱买的，不过普通投资者没有参与的资格。

较大的跌幅中，KDJ 指标的 K 值在较低区域走平或者要形成金叉时初步建仓，具体可根据个股股性对涨跌幅度的影响，以及大盘对个股的影响，来判断初步建仓的区间，如图 5-2 和图 5-3 所示。

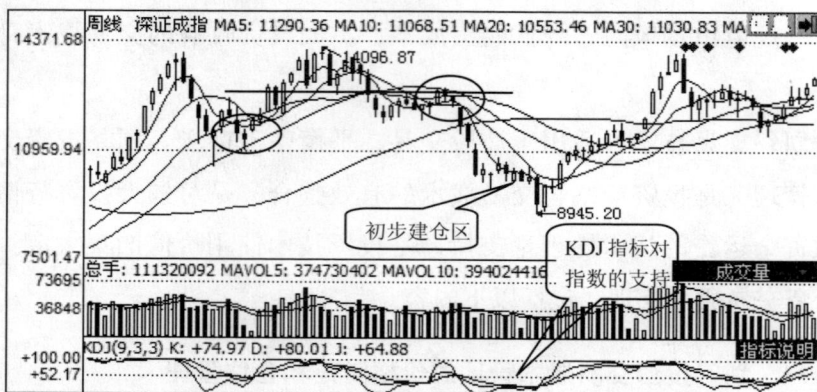

图 5-2　深圳证券交易所成分股份指数

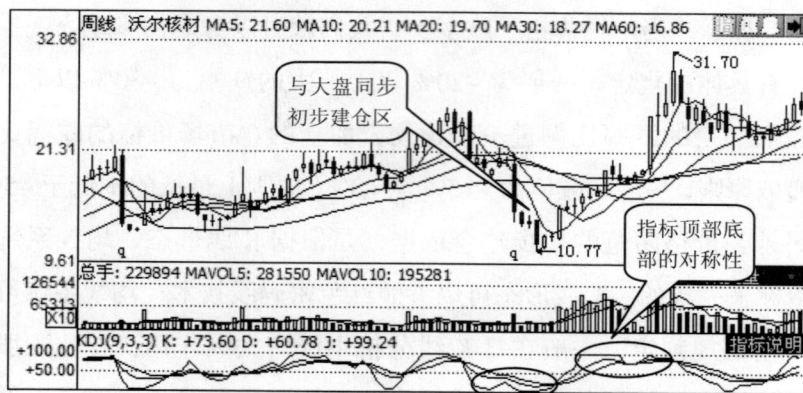

图 5-3　沃尔核材（002130）

2．仓位管理。划谷交易技术的仓位管理，是在特定的基数之上按照一定的比例进行递增建仓，以及按照一定比例进行递减清仓的管理过程。这个比例是在特定基数之上的倍数关系，在建仓时这个倍数一般为基数的 1.5 ~ 1.8 倍。

仓位管理的递减清仓管理，一般为所在仓位的 20%~30% 进行递减，具体情况可根据个股股性对走势的影响，或按照波段交易的其他交易原则进行交易。

在图 5-2 中，根据周 K 线走势图，我们很清晰地看到这样两种走势形态，如图 5-4 所示的 A、B 指示图。A 和 A1 是向下调整时的图形，B 和 B1 是上涨时的图形，在向下调整时，买点通常在 A1 点，而不是 A 点，因为股价下跌到 A 点时，下跌的幅度有限，风险没有得到释放，获利盘还需要在相对更高的点位卖出，所以就形成了 A 点后短暂横盘或平衡走势的过程，然后接着下跌到达 A1 点，初步建仓区也就形成了。在上涨时股价到达 B 点出现横盘或 K 线形态出现松动，而此时 B 点通常不是波段的高点，短暂筹码松动是为了洗盘，甩掉身上的包袱，目的是为了更好地上涨，只有到达 B1 点才会出现阶段性调整。这一现象股市中称为"二次不假象"。但是，投资者需要注意的是，这两种走势形态的判定是以周线分析为理论依据的。

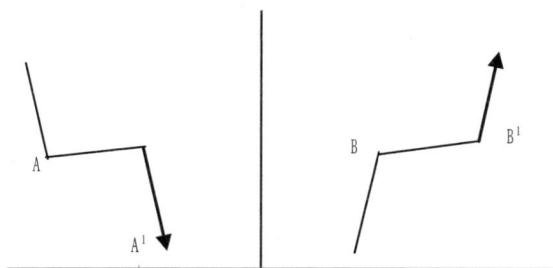

图 5-4　股价下跌与上涨时调整走势示意图

二、划谷投资交易战术管理的核心理念及其作用

划谷投资交易战术管理，其核心理念体现在战术上，它不是宏观的描述，也不是战略性的概括，而是微观的现实分析与管理过程，是机动性交易的战术性运作；它不是远期的技术性和理论性的展望与判定，而是中期或近期的技术性研究决策和实际运作；它不是被动地等待条件的完美、时机的成熟，而是主动地发现时机，机动性交易运作。

划谷交易技术不同于平常交易，它有自己的运作模式，有着严格的执行原则和运作标准，看似一般，却有着极其严密的组织性和规范的管理过程。

划谷投资交易战术管理，它的作用主要体现在三个方面。首先，是降低购买成本，增加购买数量；其次，是扩大市场收益；第三，是增加购买机会。

划谷投资交易战术管理，多是中小规模的机动运作，一般具有中期市场行情、资金投放适中、运作灵活等特点，是执行或实现其他技术理论价值的主要保障。

习题

1. 什么是划谷投资交易战术管理，它的主要内容是什么？

2. 划谷交易技术的核心理念是什么，它适合于什么行情的操作？

3. 划谷交易技术的作用是什么？

第三节　仓位防控管理

仓位防控管理是对股票投资的重要组成部分，是有效防范市场风险的控仓杆，在投资过程中它能够最大限度地减小市场下跌损失，扩大上涨收益，是企业投资稳健发展的基本保障，在投资中起到资金比例的杠杆调节作用。在多变的资本市场，尽管可以把握市场的基本趋势，但是无论中期还是长期，我们都很难准确地把握市场的高低点，这就要求我们必须对资金仓位有一个系统的科学管理。

以下是某投资公司在 2009 年一季度，关于资金配置（表 5-1）和个股仓位控制（表 5-2）的简易图表，供投资者做参考。另外，资金配置比例还可以划分为行业资金配置比例，以及个股资金配置比例等，在这里不再一一列表分析。其中，表 5-1 是从横向对资金做了配置管理，表 5-2 是从纵向对资金做了控制管理。

表 5-1　资金管理分配表

	中期投资	长期投资	无风险套利	现金管理	其他事项
资金比例	55% ~ 60%	15% ~ 20%	5% ~ 10%	5% ~ 10%	

表 5-2　个股仓位管理比例表

	锁定仓位	低滚动仓位	高滚动仓位	备用金仓位	备注事项
仓位比例	30%	40%	20%	10%	

对于证券投资，资金的管理要从横向和纵向全面进行控制管理，不能只是横向或纵向的单一管理，更不能没有或无视资金管理的重要性。下面将从企业配置、仓位控制和时间监控三个方面，对股票投资

做进一步分析。

1. 企业配置管理。在企业配置上，要避免单一企业投资，单一行业投资。资本市场本身就存在着很大的不确定性，把资金放在单一行业或者单一企业，无形中从更大程度上加大了市场的风险，为了避免风险的无形加剧，我们必须采取行业和企业的有效配置，来规避单一市场的风险，使资本平稳有效增值。

但是，尽管如此，我们仍然不能在行业和企业上配置太多，要做到精细化、合理有效配置。在行业上遵循价值性、成长性、稀缺性、主导性的原则进行行业投资配置；在企业上我们仍然坚持集中分散的策略，对企业投资做有效配置，这是我们在投资上的一项基本原则。

2. 仓位控制管理。仓位控制可以从三个方面来进行管理，首先，是资金分配管理；其次，是行业和企业配置管理；第三，是单一企业的增持或减持管理。

在这里只对单一企业的增持或减持做简短论述。对单一企业投资时，根据企业的买价区域分批次、有步骤地进行投资，避免一口价买入，一次性买进，并且在投资和增仓时的资金比例要有计划地进行安排；同样在对单一企业卖出时，也要避免一口价卖出，一次性卖完，要有计划、有步骤地进行减持和卖出。

3. 时间监控管理。时间监控包括三个方面：一是市场趋势；二是企业的生命周期；三是政策的随机性。这三个方面对仓位防控管理起着很大的决定性作用。

仓位防控管理在投资上很容易被忽略，也是不被投资者注意的一个重要环节，但是它在投资中的作用却是非常大的。我们不能预知市场，也不能把控市场，但是我们唯一能做的就是对仓位的防控管理。通过仓位管理对市场进行有效的调节，从而达到规避市场风险，扩大资本收益的目的。

习题

1．仓位防控管理的内容是什么，它有什么作用？

2．行业和企业的投资配置原则分别是什么？

3．在仓位防控管理上对时间监控的内容是什么？

第四节　周期性区域目标锁定与实际走势的矛盾

在股票投资市场，经常存在着一个使投资者迷惑的问题，市场自身总是矛盾的。这一矛盾主要体现在，大盘指数的走势与个股企业的股价走势通常是不一致的，像是没有太大的关系。这是由于大盘指数是市场的平均指数，它主要是由超大盘和大盘股共同作用的结果，但是这个结果又是板块轮动，或者个股轮动反复作用的综合走势表现，并且超大盘或大盘股在股票中的占有比例较小。而其他个股或中小盘股票对大盘指数的影响很小，所以大盘指数与多数个股的走势是不一致的。

一、大盘指数周期性区域目标与个股实际走势分析

大盘指数的周期性区域目标，可分为波段周期性目标、支压周期性目标、单边支撑上升大周期性目标或单边反压下跌大周期性目标三类。大盘周期性目标与个股走势的关系分析如下。

1. 波段周期性目标。波段周期性目标是以周线分析为准则的，一般出现在指数底部的折射形态或者指数见顶后的递缩形态中，研判目标走势相对容易，准确性也比较高。但是，它的作用只是对于大盘走势相近的个股有帮助，对 70% 以上的个股实际走势意义并不是太大，个股走势往往比大盘走势要大得多。如图 5-5 和图 5-6 所示，图 5-5 是大盘指数，从 2008 年 10 月的 1664.93 点，到 2009 年 8 月涨到 3478.01 点的最高点，涨幅为 108%，截止到 2010 年 12 月，大盘指数都是在 3478.01 点下方运行；图 5-6 是中小板指数，从 2008 年 10 月的 2114.27

点，到 2010 年 11 月涨到 7493.29 点的最高点，涨幅为 254%，超过大盘涨幅的近 1.5 倍。由此说明，中小板指数比大盘指数不仅上涨的时间长，相对应的涨幅也大很多，所以大盘指数与个股走势就形成了矛盾，根据大盘分析个股就会出现错误。

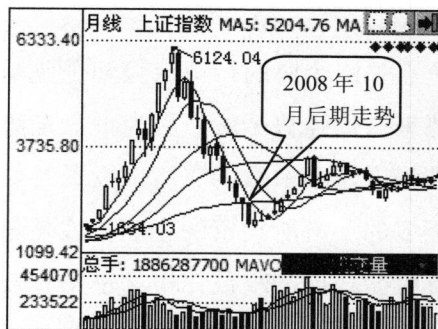

图 5-5　上海证券交易所股票
价格综合指数

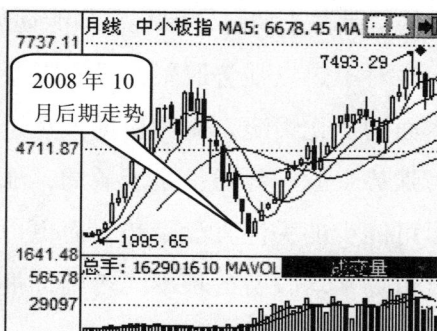

图 5-6　中小企业板指数

2. 支压周期性目标。支压周期性目标是以季线分析为准则的，通常底部支撑线以 30 日、60 日均线为标准线；顶部反压线以最高的 10 日、20 日均线为标准线。它与波段周期性目标相似，研判目标走势相对容易，准确性也比较高，与个股实际走势的关系也是基本相同的。

3. 单边支撑上升大周期性目标或单边反压下跌大周期性目标。单边大周期性目标是以月线分析为准则的，它形成需要的时间周期相对较长，因此大盘指数处在波段周期和支压周期中的时间是比较长的。与以上两个周期性目标一样，研判目标走势相对容易，准确性也是比较高的。但是，它对个股实际走势的作用，不只是对于大盘走势相近的个股有帮助，而是对绝大多数股票影响深远，因为大盘指数与个股走势这时是一致的，只有极少数的个股与大盘走势是不相同的。

二、主导市场行情的热点板块分析

在股票投资市场，投资者要想超过大盘指数这一平均涨幅，实现更高的市场收益，就要选择主导市场行情的热点板块，并在热点板块中选择龙头企业，或者具有代表性的强势股，这类股票可能对大盘指数的贡献并不明显，但是它却能远远跑赢大市。

对于热点强势股票，投资者要重点关注个股的行情走势和企业基本面的变化情况，避免根据大盘走势来操作强势个股，因为大盘走势与强势个股走势通常是矛盾的，涨跌幅度是不一致的。所以投资者要尽可能少的关注大盘走势，而更可能多的了解所投资的企业，这是超过市场平均收益的根本。否则，很有可能获得的收益比市场平均收益都要低，进而跑输大盘。

最后，让我们用巴菲特的一句话来结束本节的论述，"投资者不能把股票看成是一个不停上下浮动的东西，不能轻信一些谣言，不能根据谣言判断一只股票的真实价值。买一只股票就意味着投资一家企业，而自己就相当于是这个企业长期的伙伴。你投资的企业应该在所在的领域具有优势，从而保证企业在一定时期内维持较好的盈利能力。"

习题

1．大盘指数的周期性区域目标分为哪三类，它们与个股实际走势的关系是什么？

2．大盘指数的走势与个股企业的股价走势为什么通常是矛盾的？

3．投资者怎么才能跑赢大盘，同时应该注意哪些事情？

第五节　证券投资的时间价值与管理哲学

证券投资的时间价值与管理哲学，主要是从时间角度和管理科学两方面来重点论述的，时间角度是指持有某家企业股权的长期性，管理科学相对来说有点复杂，它将从投资的时机、股票价格、管理的过程和最终放弃某家企业股权投资等，多方面、多角度地进行论述。下面是对证券投资的时间价值和证券投资的管理哲学两方面的论述。

一、证券投资的时间价值

在证券投资方面时间的重要性是其他任何条件都不能相比的，时间是取得超额收益的保证。在时间上我们必须尊重价值成长的规律，以及价格增长的基本趋势，所以我们不能要求收益率过快过高，刻意地去追求高速度、快增长，这样只能会产生揠苗助长的悲剧，或者负面影响的产生，这就要求我们在投资过程中要坚持长期持有的重要性和必要性。

只有坚持长期持有才能获得超额回报，在长期持有的过程中要满足以下条件：

1. 投资的时机恰到好处，符合长期投资的基本趋势，适应红色密码线的投资要求；

2. 投资价格遵循价值投资，符合价值评估要求；

3. 投资企业具有整合分析条件，符合选企要求；

4. 投资的比率或者仓位要重，以适应重点投资、主力运作的要求。

另外，在长期投资的过程中要坚持以下几项原则：

1. 坚持原有的判定原则；

2. 坚持价值增长趋势的规律原则（即波浪式增长、螺旋式上升的基本规律）；

3. 坚持长期持有原则；

4. 坚持不为短期波动所动摇的原则。

一个好的企业，一次长期投资，或者说一个上升的基本趋势，不会是一两个月行情就结束了，也不会在一两个季度就能走完，更不要说一周两周，甚至一天两天了，它往往会持续一到两年，或者更长的市场行情，所以我们有充足的时间、充分的理由来做出更准确的市场判定，这些足够让我们获得超额利润。

二、证券投资的管理哲学

证券投资是一门管理科学，也是一门管理艺术，它是一个特殊的行业。这个行业不同于其他的行业，在其他行业努力了或多或少都会有收获，但在这个行业无论你多么努力，多么勤奋，流多少汗水，只要你的方法不当，投资的时间是错误的，你不仅会一无所获，而且还会出现不可估量的亏损，甚至一败涂地。

证券投资更像一门哲学，看似非常简单，其实又有很深奥的东西在里面，让人摸不着、看不透，但是它本身又有其自己的运行规律，这个规律不为某个人的意志所左右，它只根据自己的运行方式来发展。

所以，我们要做的就是把握它潜在的内部规律，了解它的运行方式，进而遵循它的基本规律，顺着它的运行趋势发展，这样我们才能从市场中脱颖而出，取得比较好的投资收益。

那么，证券投资的管理哲学将从以下几个方面进行论述。首先，我们从投资时机的把控方面来了解它的管理哲学。投资时机不是走出来后才有的，也不是认为它具有投资价值的时候，就具有了投资时机，而是在它下跌的过程中逐渐显现出来的，在止跌企稳的切入点。在这个时候市场往往是最残酷，最低迷，人心最涣散最恐惧的时候，但也就在这个时候才是投资的最佳时机。别人没有力量支撑，或者跌不出什么东西的时候，我们就要出手，这时大有救市的风度，抄底的勇气，以及做大事的魄力。这才是大师的魅力，才能把控投资的最佳时机，做到长期投资，取得超额回报。

其次，要从股票价格方面加以论述。在这里我们重点论述股票价格与买点的关系。什么样的价格才符合我们的买点，这就涉及企业的每股净资产，也就是说，当股票价格接近，或者低于每股净资产的时候，我们就要考虑对优质企业的投资，这个时候可能市场正处在低迷时期，也可能是涨势正好的时候，但是在涨势正好时是很难选择企业的，只有在市场低迷时才能比较容易的选择出尽可能多的优质公司。所以对市场的原则是，只有淡季的思想，没有淡季的市场。

第三，管理的过程。这个管理的过程可以从两个方面来说：一是企业的基本面，二是企业的技术面。

企业的基本面，要从财务状况、产品结构、经营业务、高层治理及其他基本面的变化方面着手进行跟踪管理，以便做出投资的相应调整；企业的技术面，主要是根据技术形态，以及决策分析系统来进行全面、有效地跟踪管理，以便达到合理的控制仓位，快捷、有效地防范市场风险。

第四，对放弃企业股权的论述。放弃一家企业的股权，一般有这样几个原因：一是股价远远高于企业的价值；二是企业的盈利能力开始减弱或者丧失；三是企业股票的技术面发生了重大变化；四是外部环境不支持投资。

在一次比较大的上升行情的高点，当市场出现疯狂状态的时候，我们必须要清醒地认识到市场的风险在进一步加大，虽然市场见顶后还会有反复上冲的行情，但是我们一定要把握好第一时间的出货时机，不能太提前也不能太迟，根据决策分析系统果断做出决策，因为在一次较大的上升行情后，会有对称下跌行情出现，很多企业要面临着重新洗牌的风险，所以这时我们要做好把控市场风险的充分准备。

证券投资的管理哲学惟妙惟肖，深奥得让人无法理解，但是它的内在规律和运行原则又是那么的直接，那么的简单，只是多数人没有发现，或者说没有坚持它的内在规律和运行原则的定性和境界。

习题

1. 本节的内容包括哪两方面？
2. 对股票投资长期持有应具备的条件是什么？
3. 证券投资的管理哲学主要包括哪几方面的内容？

第六章
主力运作流程分析

DILIUZHANG
ZHULIYUNZUOLIUCHENGFENXI

投资者应当把股票看作是公司的许多细小的组成部分；要把市场波动看作你的朋友而不是敌人，投资盈利有时来自对朋友的愚忠而非跟随市场的波动；投资的目标是寻找那些未来 20 年具有持续竞争优势而且价格上具有安全边际的优秀公司。

——本杰明·格雷厄姆

第一节　主力建仓环境与运作手法

股票之所以形成了上涨的行情，是因为有主流资金对其进行了建仓的运作，只有资金的介入才会使买盘增多，买盘数量增加才可以使股价有上涨的动力。所以，主力的建仓与否将会决定股价后期是否会展开上涨。主力的建仓手法不同，后期上涨的性质也将会有极大的区别，因此，熟练掌握主力建仓的各种手法，将会直接影响后期投资者所能实现的盈利幅度。关于主力建仓环境与运作手法将从以下五个方面进行论述分析。

一、外部环境对主力资金建仓时的影响

主力的建仓是不能随意进行的，必须要参考当时的外部投资环境，看是否有利于股票价格的企稳。对于影响主力建仓的外部环境，通常为宏观经济面、政策面、目标公司动向与指数的波动状态等，其中，任何一方面都会对主力建仓有很大的影响。

一般而言，主力更注重指数的波动状态对建仓时的影响，指数的波动代表了整体个股的波动状态，只有在特定的指数波动过程中，主力才可以大胆地进行建仓操作。主力的资金量非常大，如果建仓时的外部投资环境选择不当，想要及时退场是很困难的，所以，主力必须要在外部投资环境比较安全的情况下，才可以进行建仓操作。

就指数而言，下跌的时间越长，下跌的幅度越大，风险也就释放得越小，所以，只要指数有了较大跌幅的时候，主力才会愿意积极地入场操作。下跌幅度不大，也就意味着盈利的机会比较小，每一轮指数底部的形成，必然会对应前期一轮大幅下跌走势的出现。

　　主力之所以将大量的资金，投入市场中完成对一只股票的建仓，就是因为在后期股价将有很大幅度的上涨概率，并且外部大环境也将会支持股价的上涨。主力资金的介入往往本着从试探性建仓到积极性建仓的原则。在底部形成的初期往往先进行试探性的建仓，如果指数的大环境在后期支持上涨，便会在后期进行更大力度的建仓操作。

　　主力资金的建仓是一个长时间的过程，在资金入场的初期，指数总是出现震荡走势，这是因为主力资金需要不断地使股价震荡，从而将中小投资者洗盘出局，这样个股的波动就对指数造成了影响。所以，在指数第一次放量上涨形成后，只要后期再次出现回落性的走势，接着就会有更多的资金，在指数回落的过程中逢低点进行建仓操作。如图 6-1 所示，在 2008 年 10 月，上证指数下跌到底部后，首次出现了比较大的放量上涨走势，量能的明显放大说明资金入场的意愿非常强烈，由于主力需要控制建仓成本，所以首次放量上涨后，短线下跌走势再次出现，不过此时的下跌，却给了还没有进场的资金一次建仓的好机会。在底部明确后，如果投资者发现在下跌的低点区间成交量再次放大时，就要意识到，主力正借助外部投资环境的机会，开始入场进行建仓操作了。

图 6-1　上海证券交易所股票价格综合指数

二、区间波动建仓

区间波动建仓是指主力在一个较小的区间范围内不断的悄然买入股票,在成交量放大的过程中股价始终保持着箱体震荡的走势。区间波动建仓是主力经常使用的建仓方式,它的技术形态非常容易识别,但是由于投资者耐心的问题,却总是将这种走势忽略。

主力可以利用资金优势,对股价的波动起到很大的影响作用,通过人为地在当前价位上放置一些数量较大的抛盘,从而压制住股价的上涨,当投资者发现股价在近期总是涨不上去的时候,慢慢地就会失去耐心,从而将手中的股票在低位卖给主力。区间波动建仓对主力最大的好处是,建仓成本可以得到有效的控制,因为主力的建仓区间就在这个波动的范围之中,所以,买入的股票价格基本上都是趋于一致的。正因为区间波动建仓可以降低主力的持仓成本,所以当大牛市到来的时候,这种建仓方式往往会被主力采用。

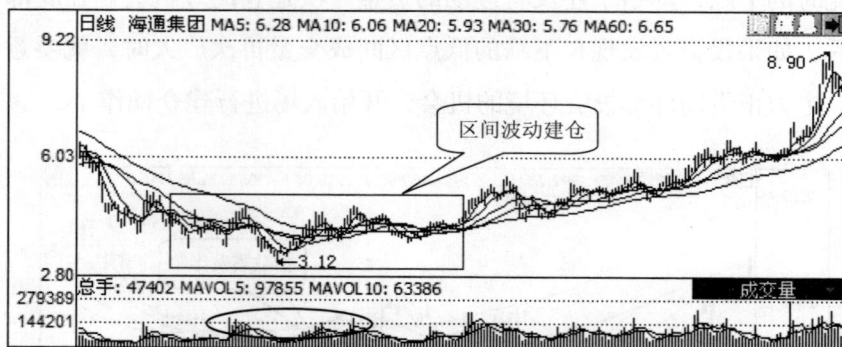

图 6-2　海通集团(600537)(2011 年 12 月海通集团更名为亿晶光电)

从图 6-2 中我们可以看到,海通集团(600537)股价在上涨前,成交量形成了明显的连续放量堆,这一堆堆的成交量就是资金建仓最直接的体现。大量资金的介入使底部区间得到进一步巩固,这时股价是不会远离这个区间的。

对于投资者来说，在主力建仓区间是不会有太大的盈利机会的，股价往往涨幅不大，就会被主力打压下去，这是为了有效的控制建仓成本而进行的打压操作。但是，一旦股价短线下跌了一定的幅度，主力又会把股价拉上来，这是为了防止较多的投资者在低位买入。所以，在这个区间股价波动的幅度都很小，只有在主力建仓完成后，股价突破这个区间时，真正的上涨行情才会到来。

区间波动建仓，主力可以借助前期股价连续下跌的影响，以及当前股价短线不断反复的震荡，被震仓出局的投资者是很多的，所以，主力总会在这个区间顺利地完成建仓操作。股价的上涨是资金推动的结果，当资金开始大力度推动股价上涨时，也就意味着主力已经完成了建仓的操作。

控制住上涨的幅度，然后通过上下反复的震荡完成大量的建仓，这就是区间建仓最明显的技术特征。但是股价在量能放大的区间，并不会形成强势的上涨走势，因为主力要控制建仓成本，要尽一切可能买到低价的股票。虽然在这个区间没有好的盈利机会，但是，它预示着主力建仓的区间就是股价下跌结束的区间，在这个区间内只要有低点就要勇于买入；主力建仓迹象的形成往往意味着，后期股价的上涨行情即将展开。所以，对于中长期的投资，这个区间就是上涨行情确立时的最低点。

三、温和上涨建仓

主力在建仓的时候，如果指数的大环境非常好，那么主力就必须抓紧时间进行建仓。牛市来临的时候，必然会有众多的资金纷纷入场进行抢筹，什么股票还处于低位，那么就会有很多资金涌向这只股票。

所以，一旦形成这种走势，对早先入场建仓的主力来讲就会有很大的威胁，直接影响他们的获利。所以，在这种情况下，主力就不能再采用区间波动的建仓方式，否则辛辛苦苦震出的股票就会让其他主力资金全部买走。因此，在这种牛市的背景下，采用温和上涨建仓方式就是最适宜的了。

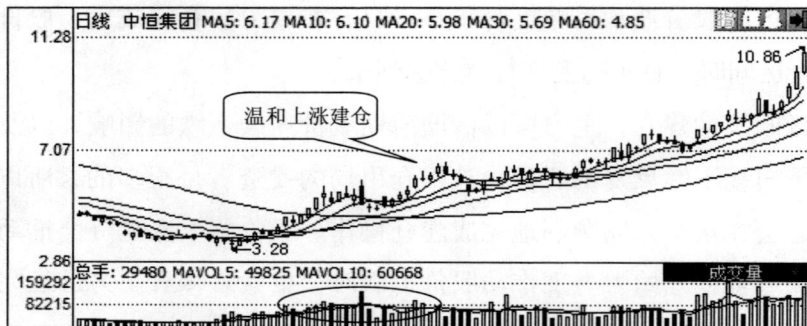

图6-3　中恒集团（600252）

如图6-3中所示，随着成交量的不断放大，股价的上升趋势不断的延伸着，这种量价配合非常正常，资金的介入导致了买盘的增多，买盘的增多必然会对股价的波动起到强大的推动作用，从而导致股价上升趋势的形成。虽然股价的上升趋势不断延续，但是我们可以看到，在上涨的初期主力建仓的过程中，上涨的力度并不是太大。虽然主力采取了温和上涨建仓的手法，但依然希望股价不要涨得太快太高，这样会导致持仓成本的提高。

通过温和上涨建仓，虽然主力的持仓成本有所提高，但可以最大限度摆脱其他主力资金的介入，因为股价上涨趋势的形成，向其他资金发出了我已入场建仓的信号，一般情况下，其他资金是不会入场进行抢筹操作的。

在股价上涨的过程中，大实体的阳线总是不断地出现，虽然阴线调整的走势也在出现，但阴线回调的幅度却是很小的；与此同时，伴随着股价也出现了非常密集的成交量，由于这是下跌后的首次放量，所以我们把它叫作主力的建仓量。在成交量放大的同时，对应着股价的持续性上涨，这种走势说明主力资金实力很雄厚，并采用了较为激进的温和上涨建仓方式，凡是采用这种建仓方式的个股，必然会成为后期的大牛股。因为主力建仓成本的提高，只有大力度的推高股价才可以补偿盈利。

温和上涨建仓方式，往往是在行情形成了牛市时，主力才会采用的建仓手法。只要指数的牛市行情没有结束，主力就有足够的时间与机会去大幅度的推高股价。但是推高股价容易，想买到大量的股票却是牛市行情中最难办到的事情。所以，主力在建仓的时候，只有给出了其他投资者以获利的机会时，才会有不断的抛盘出现，看似主力建仓时成本有了提高，但实际上主力却可以在最短的时间内，快速地完成最大量的建仓操作。

四、快速拉高建仓

快速拉高建仓（又被称为急速拉高建仓）方式，在牛市行情中经常见到，采用这种拉高建仓方式的主力，往往资金实力非常雄厚，有足够多的资金承接下所有的抛盘。由于主力不计成本的推高股价进行建仓，所以形成这种建仓方式的个股，往往会在短线上出现迅猛的上涨走势，投资者操作这些个股，资金的利用效率是非常高的，短短几天的时间就可以获得很大的收益。

进行急速拉高建仓，有时并不是主力愿意的，而是行情的变化迫使主力这样运作的。由于主力在指数牛市行情形成之前出现了判断的错误，从而错过了底部最好的建仓时机，为了在牛市行情到来时实现盈利，只能以最快的速度完成建仓操作，常被称为紧急建仓。而想在最短的时间内完成建仓，无疑只有一个办法，那就是将股价大力度的拉高，让所有套牢的投资者全部解套卖出，这样建仓操作就可以顺利地进行下去。虽然持仓成本大幅度的提高，但是由于后期股价可以出现持续性的上涨，所有持仓成本的抬高可以通过快速拉高股价进行抵消。

如图 6-4 所示，北方国际从 2009 年 1 月初，走出了一轮持续性的快速上涨行情，在主力积极的运作下，股价配合着指数的底部反转行情，仅仅一个月的时间股价上涨了 3 倍。在上涨的过程中，大实体的阳线持不断出现，虽然也有调整的走势，但每一天的调整幅度都是极小的，这种 K 线形态说明盘中做多的动能非常大。面对这样的走势，投资者一定要及时的入场，跟随主力一起做多牛市行情。

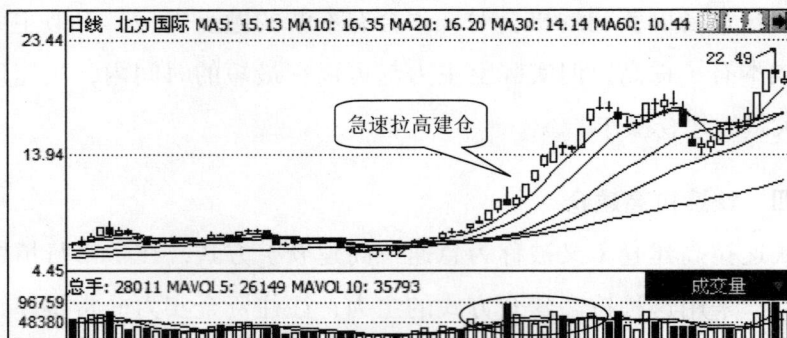

图 6-4　北方国际（000065）

紧急建仓使主力的持仓成本非常高，为了快速地实现盈利，必须要以最快的速度推高股价，否则错过了行情，日后出货就会变得很困难。随着涨停大阳线的出现，成交量出现了大幅放大，这种量能形态说明大量的资金在盘中正进行买入的动作，由于买盘大幅增多，股价出现涨停现象也就很正常了。成交量大幅放大，股价大幅上升，均线呈 60° 以上角度上涨，这就是紧急建仓最明显的技术特征。

正是由于主力在低位不计成本地进行着建仓的操作，所以我们可以确认，如此凶悍的建仓方式必然会对应着后期大力度上涨行情的出现。主力建仓力度大说明了两点，一是主力的资金实力很强大，二是主力操作的手法很激进。因此，面对形成急速拉高建仓的个股，投资者一定要积极地进行操作，股价上涨则追涨，股价调整则见低点就介入，因为这种个股往往会成为后期牛市行情中涨幅惊人的龙头股。试想，这样一来，投资者获得巨大收益也就是很轻松的事情了。

五、盘中分时建仓

在分析主力是否在建仓的时候，投资者除了要对 K 线图进行仔细的分析外，对盘中的分时走势也必须要进行仔细的研究。因为分时走势是 K 线图的基本单位，主力在操盘上所做的手法在分时图中体现的更加明确。在分时图中分析主力是否在进行操作，主要是从量价的配合方面进行分析，一般来说，普通投资者无论如何积极的操作，都很难将股价打下去或者抬高上去。所以，一旦投资者发现盘中出现了连续放量的迹象时，就可以认定这是主力的建仓行为。

在盘中进行分析的时候，我们不能只见到一天的放量走势，就断定是主力的建仓行为，必须要对近期的走势进行连续的分析。分时图中成交量总是不断的连续放大，才可以证明主力建仓操作的持续性，只有主力进行了持续性的建仓操作，后期股价上涨的动能才会增加。主力在分时图中进行建仓的时候，会使用各种各样的操作手法，如区间震荡式建仓、急速拉高建仓、打压建仓[1]等。无论主力采用哪种建仓方式，其技术特征的核心是不会变的，那就是成交量的放大。

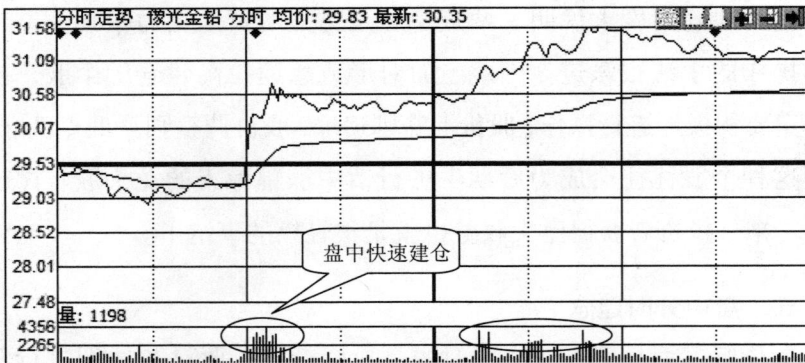

图 6-5　豫光金铅（600531）分时走势

如图 6-5 中豫光金铅的股价，开盘后便出现了下跌的走势，在下跌的过程中成交量没有放大，说明这时参与的投资者很少。抛盘不多，但股价出现了一定幅度的下跌，说明主力有刻意打压股价的行为，其目的就是在低位可以买入较多的股票。没有抛盘主力不能顺利的买入股票，随后慢慢抬高股价，并放大了成交量，股价被快速拉升。主力迫使卖盘出现往往采用两种办法：一是打压股价，制造下跌走势，从而引起投资者的卖盘，这种操盘手法一般在指数相对较弱的时候使用；二是抬高股价，给投资者以获利的机会，这样总会有大量的短线投资者在获利的情况下卖出股票。

主力人为的制造下跌一般有三种原因：一是出货，但这需要股价在高位区间；二是震仓，但低点位置通常不会引起放量现象；三是建仓，

---

[1] 打压建仓是指，主力通过人为控制股价，使其产生大幅的下跌走势，给投资者造成一种巨大的精神压力，从而因为恐慌而卖出手中的股票，这样主力不仅可以买到较多的股票，同时还可以以最低的价格顺利地完成建仓操作。打压建仓是局部行为，持续的时间往往比较短，在操作中并不经常使用，对建仓分析意义不大。

如果主力利用打压走势进行建仓操作，那么，下跌的低点必然会出现连续的放量现象。

主力在建仓时候，可以采用各种各样手法，因为控制分时线的走势比控制日 K 线的走势要容易得多。不过投资者在盘中进行分析的时候，按照日 K 线的分析方法进行判断也是可以的，因为分时线是构成日 K 线的基本单位，所以操作方法是相通的。股票市场的行情通常是主力资金推动的过程，想要把握住股价大幅上涨的盈利机会，我们有必要对主力建仓的操作有充分的认识。

习题

1. 主力建仓时需要的外部环境是什么，其中主力更注重什么外部环境？

2. 什么是区间波动建仓，它的技术特征是什么？

3. 温和上涨建仓是在什么背景下被主力采用的？

4. 主力为什么会采用急速拉高建仓方式，这样的建仓方式对后期市场有什么影响？

5. 在分析分时建仓时，投资者应注意哪些问题？

第二节　主力拉高环境与运作手法

主力建仓完成后，接下来的工作就是怎么把股价拉高，从而实现盈利。虽然主力经过建仓，已经具备控制股价[1]的能力，但在很多时候并不是想什么时候拉高，就能什么时候拉高的，有很多条件或外部因素，都会限制主力的拉高操作。如果在条件不具备的情况下，主力强行拉高股价，尽管股价会展开上涨走势，但是会引出众多投资者抛盘，主力就会变得非常被动，从而使主力达不到拉高操作的预期目的。

所以，只有在合适的条件下进行拉高操作，才能最大限度地节省拉高股价的成本，并且还能吸引场外资金，在上涨过程中积极跟风，从而帮助主力增加买盘数量，进一步推进股价上涨的速度。只有这样才能在上涨的过程中保持大量的买盘，股价达到高位后，才能顺利地进行出货操作。主力不同的拉高手法，对股价上涨力度和上涨幅度的作用也是不同的，所以我们要对主力各种拉高手法熟练地掌握，并从中判断出股价在后期即将出现的上涨走势。

一、外部环境对股价拉高时的影响

主力在抬高股价的时候，除了要配合公司的利好消息等外部因素外，最需要配合的外部环境是指数的波动状况。指数是盘中所有个股的综合走势体现，所以一旦指数符合了主力的需要后，股价的上涨行情也就会从此展开了。一般来说，主力的拉高都会在指数上涨的过程

---

[1]　控制股价，即主力控盘。一般情况下，主力持仓量达到某企业流通股的 10% 至 30% 即可控盘。一般主力把资金分成两部分，一部分用于建仓，另一部分用于控盘。控盘资金风险较大，甚至可能会赔，主力盈利主要是靠建仓资金。

中进行，但是也有很多个股并不是在这个时候拉升的，有时在指数见底、突破或下跌无力时都有可能拉升股价。在主力拉升股价时，都会遵循一个原则，那就是外部的市场风险一定要小。只有这样，主力的巨额资金在市场中，才能发挥它的优势，才会有所作为。

在指数形成一波持续性的大牛市时，可以为各种主力提供极好的拉高走势，因为指数持续性的走势，很容易吸引大量投资者的买盘介入，只要主力拉升股价，就会引发投资者的跟风行为，从而使股价越涨越快。如图 6-6 所示，当指数形成加速上涨走势的时候，主力必然会抓住这个好时机拉升股价，此时的拉高操作属于一种市场的普遍行为。但在某些时候，少数个股则会先于其他个股出现上涨行情，这些股票就是投资者经常说的龙头股。

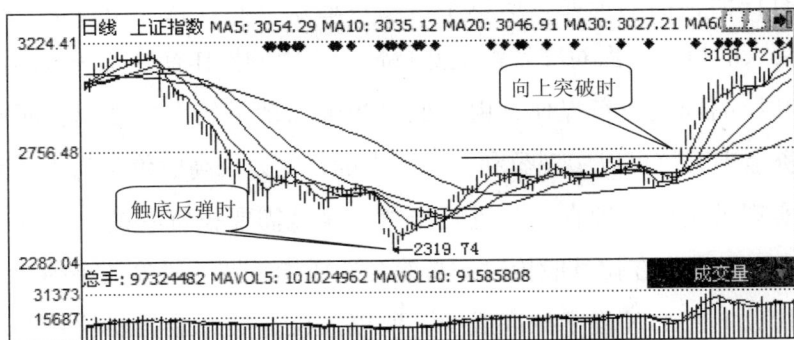

图 6-6　上海证券交易所股票价格综合指数

在指数还处于底部震荡的时候，这些龙头股就已经提前完成了建仓操作，但是在指数还没有形成真正的上涨趋势时，主力也是不敢轻举妄动的，万一指数继续下跌，主力拉起来股价就不会得到投资者的响应，所以必须要等到一个合适的机会向上拉升股价，才可以得到市场的认同，同时得到同板块中其他个股的呼应，从而形成板块性强势上涨的格局。

在市场底部区间，一旦指数形成了向上突破走势的时候，就是这些操作龙头股的主力最好的拉抬时机。因为突破某种走势形态，标志着下跌走势已经停止，新一轮的上涨行情将会确立。在其他资金刚刚开始建仓的时候，这些主力早已让股价步入到了主升浪当中，所以在指数突破走势的时候，投资者要寻找那些进入拉升状态的个股进行操作。另外，指数一旦形成了中长线的上涨走势，便意味着大量的资金开始介入场中进行操作，并且都是要长时间做多行情的。在这种行情下，谁率先展开上涨，谁就可以把握更长的时间，从而将股价拉得更高，盈利的空间也就越大。

有时，因为某个事件的发生股市会出现暴涨的行情，由于这些事件没有任何提前的征兆，所以不仅是普通投资者，就连主力也会错过低点买入的机会。面对突发性上涨行情，主力的操作往往是一气呵成，建仓和拉高同时进行操作，由于股价当天出现了较大的涨幅，所以投入的资金当天就可以实现盈利。总体来说，主力拉高股价是为了盈利，要想实现盈利就必须在高位进行出货，这就需要投资者的大量资金来接盘，这样主力在拉升股价时，必然会选择指数波动风险较小的区间，或在指数上涨的过程中拉高股价，所以，拉高操作最需要的外部环境就是指数的波动状况。

二、锁量拉高

主力拉高方式其实与上一节的建仓方式有着很大的关系。在未来行情特别牛的情况下，主力会愿意拿出更多的资金进行建仓，从而买下大量的股票，形成高度控盘的走势。一旦主力的资金对某只个股形成了高度控盘走势时，其拉高手法也必然会呈现某种明显的规律。

　　主力持仓量越大，就意味着在外流通的股票数量越少，这样无论股价是涨还是跌成交量都会非常小。特别是上涨的时候，更是不会有投资者愿意卖出手中的股票，而主力在没有拉到预定目标之前，也是不会轻易卖出股票的。这样股价的整个上涨过程就会形成无量上涨的走势，对于这种股价拉高方式，被称之为锁量拉抬股价，也称之为锁仓拉抬。

　　如图6-7所示，晋亿实业（601002）在图中出现了一轮持续性的上涨走势，虽然每一天的平均涨幅并不是很大，并且在上涨的过程中大实体的阳线也不多见，但是K线体比较饱满，由于上涨持续的时间比较长，所以股价的整体涨幅依然是非常大的。在上涨的过程中，上升趋势线始终没有跌破过，这说明主力就是想在盘中持续性的做到，根本不会花太多的时间进行洗盘操作。在上涨的时候，每一次股价创出新高时，成交量都没有放大，并且每一次调整走势出现的时候，成交量也都会保持着连续缩量的走势。量能的变化说明，无论是上涨还是下跌都没有大量的抛盘出现，这种走势就是锁仓拉抬最明显的技术特征。

图6-7　晋亿实业（601002）

主力把大量的股票锁定在手中，只需要极少的资金就可以推动股价的上涨，所以无量上涨的现象才会不断出现。只有那些买入了大量股票的主力，才有实力进行锁仓拉抬的操作，所以这种拉升方式并不是什么主力都可以使用的，如果没有买下足够的股票，外边的抛盘又很多，也就不可能形成无量上涨的格局了。

在盘中虽然阳线不断出现，但是阳线的实体却始终较小，这是因为主力已经完成了高度控盘的走势，运作资金的数量相对减少，因此是不能让股价过快上涨的，因为快速的上涨会导致卖盘的出现，如果那样主力将无法承接卖盘，股价也必然会随着回落，所以只能采取温和上涨的上涨走势，这样才可以将抛盘稳住，从而使股价不断的上涨。

有时，随着股价越涨越高，到了后期成交量反而变得越来越小了，这是因为前期资金不断的介入，已买下了大量的股票，并且这些股票被一些实力机构紧紧地握在手中不肯卖出，因此也就造成了股价越涨成交量越小的现象，此时成交量的减少并不是坏事，而是一种很健康的走势。因为谁都不愿意卖出手中的股票，那就意味着股价距离他们心中的目标位还远没有到，股价还可以持续的上涨。

一般来讲，在股价上涨的过程中，换手率小于4%，特别是在股价向上创新高的时候，换手率依然小于4%，往往就可以确定这只股票是属于高控盘的走势了。因为主力购买了大量的股票，所以想要出货就必须出现放量的现象，因此只要上涨的过程中成交量没有连续性的放大，无论股价如何波动都是安全的，在上升趋势不变的情况下，投资者都不能做任何卖出操作。

采取锁仓拉高股价的主力，往往在上涨的过程中不会让股价过快的上涨，平均单日涨幅小。但是，这些个股的另一个特点，就是上涨持续的时间是很长的。因此，投资者在进行实战操作的时候，一定要做好耐心持股的准备，只要没有卖的出现，就要一路持股到最高点。什么时候出现连续放量走势，投资者就要判定主力是否在出货，如果是应及时地卖出手中的股票。

三、对倒放量拉高

在一轮牛市行情到来的时候，并不是所有的主力都有时间和机会，对某只个股形成高度的控盘。由于某些原因，总有一些主力会错过进行持续性建仓的时机。在这种情况下，主力就只能采用对倒拉高的手法，将股价由低位推高到高位了。对倒拉抬股价时，主力往往在盘中自买自卖，通过大单成交优势将股价推高上去。由于自买自卖需要花费较大的资金，所以反应在成交量上，就是量能形成明显的密集堆，并且在量能放大的区间，股价上涨的速度也往往是比较迅速的。因为主力持仓量不大，所以，必须要让股价快速并且大幅的上涨，只有这样才可以使投入的资金获得较大的收益。

一般而言，在牛市行情或短线暴涨行情中，会经常见到主力采用这种拉抬手法去推高股票，所以熟练掌握主力放量对倒拉高操作方法是必需的，只有这样才可以使资金快速的获得较高收益。

从图6-8中，我们可以看到股价在初期一轮缓慢上涨的过程中，成交量始终保持着低迷的状态，这种走势说明主力的资金，并没有在盘中买到太多的股票，成交量无法放大，大量建仓操作就无法顺利的进行。持续性建仓是不可以了，那样将会错过更多的行情，因此最好的办法就是及时把股票推高上去，持仓比例低并不是问题，只要股价上涨幅度大，依然可以获得巨大的利润。可以看到，主力在发力推高股价的时候，成交量出现了明显的迹象，受到成交量放大的推动，股价随之出现了快速的上涨走势，大实体的阳线一根接一根的出现。

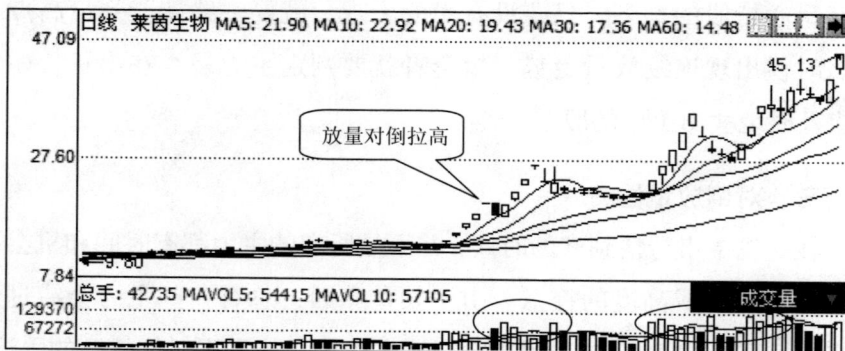

图 6-8　莱茵生物（002166）

　　股价上涨的时候，换手率始终保持在 7% 左右，按照这个比例主力仅需十多天，就可以买下所有的股票实现高度控盘。那么，成交量为什么从底部到高点都那么大？这是因为主力在拉升股票的时候，不断地进行着自买自卖的操作，因此累积起来的成交量才会变得这么大。在拉抬股价的时候，主力很少会让股价形成长时间的震荡走势，这种快速上涨的走势对投资者来说，就是最好的盈利机会，只要主力没有停下对倒拉抬的操作，盈利机会就会存在。

　　主力对倒拉抬的股价，虽然从短线上来看上涨非常迅猛，但是这些个股上涨的持续性相对弱些，上涨周期与锁仓拉抬的个股相比要短得多，不过由于这类个股的单日涨幅都比较大，所以依然可以为投资者带来较大的收益。主力持仓量不足时，为什么要采取放量对倒拉高的方法进行操作呢？其中原因是，主力资金量的不同，将会导致建仓量的不同。一般而言，资金实力较小的主力往往会采用对倒拉抬的手法进行操作。少量的建仓以后，通过自买自卖的手法推高股价，虽然看上去要花费巨大的成本，其实成本仅仅为交易手续费。虽然买入了一些股票，但是，在相应的位置也卖出了一些股票，主力手中的资金并没有因此而减少多少。

在操盘交易的过程中，为什么很多主力都会采用对倒拉抬方式呢？采用它的优点是，可以通过对倒拉抬的方式制造成交量的高度活跃，从而给不同的资金以建仓的机会，入场的资金越多，就越能减轻主力拉抬股价的难度，同时入场资金在任何位置都积极的介入，也就为主力随时可能进行的出货操作找到买盘。

在主力采取了放量对倒拉高股价操作的时候，只要成交量没有萎缩或是没有形成近期的绝对最大量，投资者就需要不断地在盘中进行持股操作。量能没有萎缩说明主力的资金实力依然较大，因此还有能力继续推高股价；而量能没有大幅放大，则说明主力并没有借助高点进行出货操作，所以不形成这两种走势，股价的波动就是安全的。

放量对倒拉高方式，股价的上涨速度往往是非常迅猛的，在这种情况下，只要涨幅不是太高，投资者都应当积极地进行追涨操作。这类个股一般不会给投资者太多低位买入的机会，想要在这类个股上获利，就必须果断地进行追涨操作。

四、震荡拉抬

震荡式拉高是指，在股价上涨的过程中，主力人为的制造股价的波动，虽然股价大的上升趋势始终确立，但是从短线上来看，股价上下的落差空间往往是比较大的。由于主力手中持仓量不足，所以，当股价上涨到一定高度后，就会进行相应的减仓操作，而当股价回落到一定低点后，主力就会再度入场进行建仓，通过这种高抛低吸的操作，就算整体涨幅不是很大，但是，每一个波段累积起来的涨幅确是比较大的。所以，在指数调整阶段，这种拉高股价的方式往往会被主力采用。

从图 6-9 中可以看到，股价在上涨的过程中，出现了两次比较大的调整走势，每当股价创出新高并上涨到一定空间后，股价就出现了回调的走势，在回落的过程中，成交量没有急剧地放大，而是依然保持着温和的状态，这说明主力并没有在高点处进行整体性的出货操作，主力没有进行积极的出货，那么股价在后期还会有上涨的机会。既然是牛市环境，主力为什么不一气把股价拉高呢？原因主要有两个方面：一是主力持仓量不足；二是指数同期出现了调整，限制了主力的拉高操作，因此主力只能采用震荡式拉高方式。

图 6-9　沃尔核材（002130）

判断主力是不是在进行高抛低吸的操作，需要从两方面进行分析，一是从前期主力建仓状况进行分析，如果主力的建仓量很大，往往不会采取这种方式拉高股价，因为在主力高抛低吸的同时，也会有很多投资者进行相应的操作；二是采取这种方式拉高股价需要的时间较长，在牛市上涨环境中进行将会错过很多盈利机会。因此，这种拉高方式只能在指数调整时或弱势环境中使用。

强势特征无法形成，意味着主力无法对股价的波动起到绝对的控制，一般情况下，只有持仓量较低的主力才会这样。主力控盘度比较低，资金实力不足，也就不能像其他强势股那样任意拉抬股价了，想要操作该股，就只能不断地通过震荡走势慢慢推高股价。不断地通过高抛低吸进行操作，就算股价在原地踏步，在盘中运作的主力，依然可以成功地获得较大收益，所以，这种方法不失为低控盘主力拉高股价实现盈利比较好的办法。不过，仅从 K 线分析和量价分析还是不够的，投资者必须还要结合指数的波动一起进行分析，因为一旦指数形成了调整走势，那么这类个股必然会出现短线下跌。

虽然操作震荡式上涨的个股也可以实现盈利，但这种个股往往由于主力控盘度较低，所以股价很难形成上涨的格局。因此，如果盘中有更强的个股出现，投资者还是应当选择龙头强势股进行操作。

五、盘中拉高

一般而言，主力在盘中拉高的时候，往往会采用，急速拉高、缓慢推高、震荡拉高和波段拉高手法。无论使用哪一种拉高手法，其目的都是为了让股价上涨，只不过上涨的分时线形态有所差异而已。股价在 K 线图中可以形成缩量上涨的走势，但是在分时图中缩量上涨走势却是非常不好的，无量就无法推动股价在盘中的上升。所以，主力在盘中无论采取哪种方式拉高股价，都必须使成交量放大。

以图 6-10 为例，海通集团（600537）在开盘以后，股价出现了震荡的走势，由于成交量不是很大，所以分时线开盘后出现了下跌走势。但持续的时间并不长，在当天 9 点 50 分后，股价形成上涨走势，10 点以后股价伴随着成交量的有所放大继续震荡上行。13 点 39 分，成交量突然放大，股价随之上升很快封到涨停板上。股价在上涨的过程中，主力先是采用了震荡拉高，接着又采用了锁仓拉抬手法使股价缓慢推高，最后是放量对倒把股价急速拉高封至涨停，整个过程主力稳扎稳打，说明主力的计划性。这只股票是主力高度控盘的股票，虽然希望股价可以快速的涨上去，但并不希望因为股价的上涨而引发巨量的抛盘出现。出现了急速拉高的个股，往往会在后期形成快速并且连续上涨的行情，因此对于这类个股在盘中进行重点关注是很有必要的。

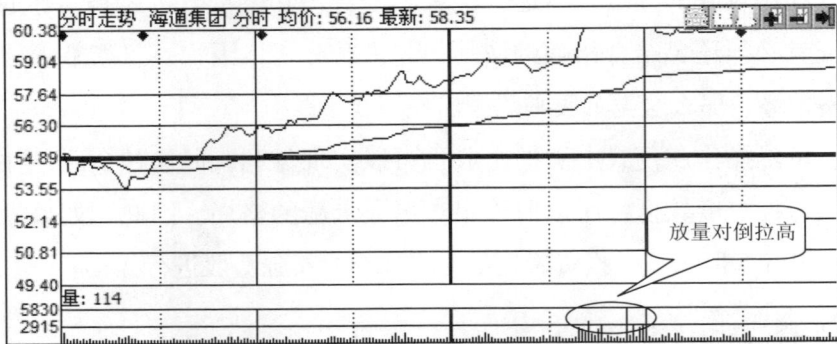

图6-10　原海通集团（600537）分时走势

　　主力想要大幅度推高股价的时候，必然会将股价封在涨停板上，只有这样才可以将投入的资金实现收益的最大化，同时也可以促使股价以更大的力度上涨。因为涨停板的出现，会对场外的资金形成强大的吸引作用，一旦买盘不断介入，连续的上涨也就有了足够的动力。

　　当发现盘中股价出现了放量上涨走势的时候，就要意识到，主力开始在盘中拉抬股价了，这种操作的进行意味着股价近期必然会带来盈利的机会。同时，投资者还需要再结合分时线的波动形态进行更深入的分析，从而准确地判定出主力在盘中到底采用了哪种拉抬股价的手法，并根据主力拉抬股价操盘手法的不同进行相应的操作。

习题

1．主力拉高需要的外部环境是什么，拉升股价应遵循什么原则？

2．什么是锁仓拉抬手法，它的技术特征是什么？

3．锁仓拉抬的个股有什么特点，个股换手率有什么表现特征？

4．采用放量对倒拉高的背景是什么，它有什么技术特点，个股换手率表现的特征是什么？

5．什么是震荡式拉高手法，采用它的背景是什么？

6．在牛市环境，主力为什么不一气把股价拉高，怎么判断主力是不是在进行高抛低吸的操作？

第三节　主力震仓环境与运作手法

主力完成了大量的建仓后，在上涨的途中必然会进行各种各样的震仓操作，目的就是将低位买入的投资者全部清理出去，在相对的高位与场外的投资者进行换手，从而提高普通投资者的持仓成本。否则，如果在低位买入的普通投资者始终不愿意卖出，一旦股价到达了顶部，它们必然会与主力争抢卖盘，这样就会对主力的出货造成严重的干扰。所以，在上涨途中将这些低成本的获利盘清理出去，则是必须要进行的操作了。

主力在震仓时，会采用各种各样的操盘手法，来折磨投资者的持股信心与持股耐心，如果投资者不能够有效地识别主力的震仓行为，就算买到了大牛股，也会在中途被震仓出局，从而无法获得较高的收益。所以，想要获得较高的收益，除了要掌握主力是如何建仓的和如何拉高的之外，主力是如何震仓的也需要学习运用。本节将从以下六个方面，对震仓手法进行详细论述分析。

一、外部环境对主力震仓时的影响

主力在震仓时，必须要参考指数的波动状况进行综合分析，在指数形成牛市正在不断的上涨时，如果主力进行震仓操作，那么股价在低点形成时就会有大量的投资者进行建仓操作。这样不仅没有把投资者给震出去，反而会让投资者有了获利的机会，主力的震仓操作也就达不到目标了。一般主力在操作个股的时候，往往会选择指数同期出现下跌或是调整走势时进行震仓。因为，一旦指数下跌投资者就会感到非常害怕，从而不敢在低点买入股票，这样主力的震仓才会起到作用。所以，在分析主力震仓行为之前，投资者一定要对指数的波动状况进行细致的分析，这样才可以将主力震仓时，出现的低点作为逢低买入的好机会。

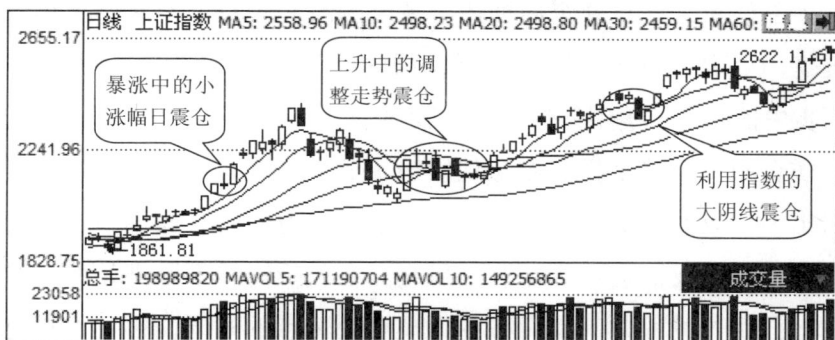

图 6-11 上海证券交易所股票价格综合指数

以图 6-11 为例，主力采用指数在暴涨走势中的小涨幅日震仓、上升中的调整震仓和指数的大阴线震仓等震仓手法，对建仓个股进行震仓。也就是说，指数无论形成什么样的牛市格局，也不会一个劲地上涨，总会在上涨一段时间后出现正常的调整走势，这就好像人走路一样，走累了休息一下才会走得更远。所以，在指数上升的过程中，出现调整走势是很正常的现象，但是盘中却会有大量的主力，借助指数的调整进行震仓操作。

从图中可以看到，在指数调整的时候，成交量出现了萎缩的迹象，这种量能变化说明资金并没有在盘中进行出货操作。所以，从量能上来看指数并未见顶，指数未见顶也就意味着，盘中的绝大多数个股也没有形成顶部，因此在这个时间段内，只要个股出现了下跌的走势，就意味着主力正在盘中进行震仓操作。面对指数的这种走势，投资者不但不应当卖出手中的股票，反而还应该在震仓的低点积极的买入调整到位的股票。

有时，如果小级别的震仓操作，无法将低成本的获利盘给清洗出来，主力就会采取群体行为一起进行震仓操作，将指数的波动形态人为地做出顶部假象，而且这个周期还会持续的时间较长，不断累积小级别的震荡，从而将指数转变成为一轮中线的震荡操作，使投资者感到恐惧，进而丧失信心卖掉手中低位买入的股票。

震仓操作虽然令投资者感到烦恼，但是仍然有很多技术方法可以判断出来。只要投资者掌握了这些方法，主力的震仓操作不仅不会构成市场风险，反而会成为盈利的机会。在股价短线下跌开始的时候，卖出部分手中的股票，然后在主力震仓到低点的时候，再买回相应的股票，这样主力震仓有多深，投资者也就提高了相应部分的获利。主力的震仓往往不是孤立的行为，所以在分析主力震仓的时候，投资者也要对指数的波动状况进行详细的分析。

二、横盘震仓

主力震仓的目的就是要让普通投资者卖出低位买入的股票，并不是单纯的让股价形成下跌走势。因为主力买入股票以后，往往会锁定底部买入的股票，只要股价没有上涨到真正的顶部，主力往往是不会轻易卖出手中股票的。在主力折磨投资者持股信心的时候，有一种方法往往是最有效的，那就是进行横盘震仓。横盘震仓操作的技术特征是，股价上涨到一定的高度以后，主力便会压制住股价的上涨，使它长时间形成滞涨[1]的走势，这样就会有大量的投资者，因为没有耐心而在横盘震荡区间卖出手中的股票，从而使主力的震仓操作达到目的。

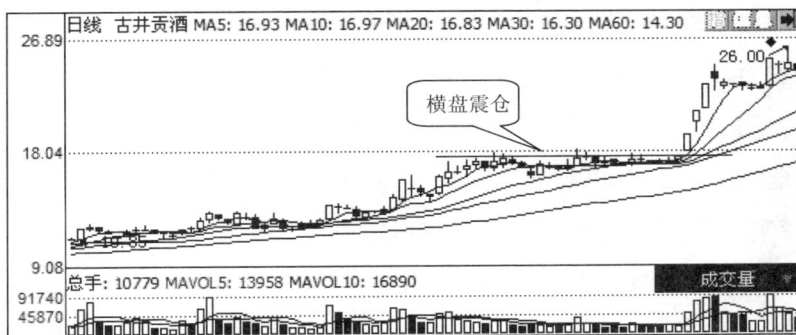

图 6-12　古井贡酒（000596）

如图 6-12 所示，当股价经过持续的上涨，市场中的所有投资者都已经实现了盈利，如果股价此时继续不断的上涨，前期买入的投资者必然不会轻易地卖出股票，一旦股价上升到高位，这些获利盘集中卖出，必然会对主力的出货操作造成极大的影响。因此，主力必须要减小投资者的盈利空间，让它们在上涨的中途卖出手中的股票，也就减轻了后期上涨的抛盘。

采取横盘震仓手法，首先，股价一段时间的不涨，可以迫使那些没有耐心的投资者换股操作，从而达到震仓的目的；其次，将股价维持在一个较小的波动范围内，比将股价打压下去所花费的资金要少得

---

[1]　滞涨震仓，是通过与指数的对比，使股价的上涨显得非常弱，从而迫使投资者卖出这种"弱势股"，而去追涨那些强势股，投资者没有坚定的持股信念，同时在大牛市形成时往往具有急躁的心态，主力正是利用这种不正确的心态，故意放稳股价的上涨速度，从而达到震仓的目的。这是一种特殊的震仓方法，往往可以达到震仓的目的，并且还可以在股价上涨的过程中完成震仓操作。滞涨震仓是特殊行为，尽管控盘资金实力非常大，但是与弱势股的区分有一定的难度；与横盘震仓相比，持续时间较长，也会错过一些行情机会，对震仓分析意义不大。

多，这对于主力来讲是有利的；最后，股价横盘不跌将不会给投资者带来逢低买入的机会，想要买入股票，日后只能追高进行。因此，这样的震仓方式，可以为后期的上涨培养买盘。

主力在震仓操作的时候，成交量出现了明显的萎缩现象，此时的缩量说明主力并没有在盘中进行出货操作，主力只要不出货，股价就是安全的。横盘震仓通常出现在股价涨幅不是很大的时候，也就是股价距离主力持仓成本很近时，最好的震仓方式。

投资者在对主力震仓分析时，除了要对成交量的变化进行分析外，K线形态的变化也要重点进行分析。在主力震仓的过程中，虽然连续收出了阴线，但是阴线的实体都是非常小的，这说明股价在当前区间不会出现较大幅度的下跌，而是要形成横盘震荡的走势。面对主力采取了横盘震仓的时候，投资者不要奢望会有较低的买点出现，在这个区间内，股价波动的振幅往往是极小的。因为可以明确地判断出主力的震仓行为，所以这也就意味着股价后期必然会出现上涨的走势，因此在此时投资者想要获得较好的收益，一定要有足够的耐心。当然，由于指数已经形成了牛市格局，所以主力的震仓操作并不会长时间地进行。否则，错过指数的上涨也就意味着主力的收益将会减少。

横盘震仓的位置，往往是在股价刚刚突破前期高点时进行，并且当前股价也通常距离主力的持仓成本区很近。因此，只要指数形成了上升趋势，投资者在这个区间随时都可以进行建仓操作，后期的上涨是必然的，只是震仓时间的长短，会因为个股的差异不同而已。

三、短线暴跌震仓

主力在进行震仓操作时，是以迫使投资者出局为目的的，而至于如何操控股价只是方法而已，只要能将低成本的获利盘清掉，投资者怕什么，主力就会怎样让股价波动，无疑投资者最害怕的就是股价的短期大幅下跌。无论在什么背景下，在指数形成了上涨的过程中，只要股价的下跌力度很大，都会给投资者造成震撼，从而迫使抛盘出局。

使用短线暴跌震仓的主力，往往是那些已经完成了大量建仓的主力，由于手中已经掌握了大量的股票，因此就算投资者敢于在暴跌的低点进行建仓，主力也不会受到太大影响，毕竟敢在股价暴跌时，买入股票的投资者还是极少数的。

主力进行震仓就是为了将低位买入的投资者，在相对高位卖给场外介入的投资者，从而使普通投资者的持仓成本大幅提升。例如，主力的建仓区间在5元钱左右，在这个区间也必然会有大量的投资者介入，与主力的持仓成本保持一致。当股价上涨到7元钱时，主力开始震仓操作，这时5元处买入的投资者就会卖出手中的股票，与场外的投资者进行换手，经过换手后主力的持仓成本依然在5元处，但是，普通投资者的持仓成本却提升到了7元钱。如果此时市场有什么风险，主力已经实现了盈利，但是，新买进的投资者却没有任何盈利，从而主力的主动地位也就凸显了出来。

如图6-13所示，通常股价经过连续的上涨以后，累积的涨幅已经很大了，由于上升趋势始终确立，所以盘中愿意卖出股票的投资者变得越来越少。在这种情况下，主力必须要采取震仓的操作了。因为主力手中的股票数量已经很多，并且股价上涨的幅度比较大，所以采取横盘震仓方式，就不能将低成本的获利盘给清理出来，因此在这个时候，就需要让股价出现突然地暴跌走势。当投资者看到股价出现了连续下跌或大阴线的暴跌，心中必然会感到恐慌，认为下跌的形成是由于主力在出货，从而就会卖出手中的股票。短线暴跌震仓的技术特征，一般是 K 线会形成大阴线的走势，并且阴线还会经常连续的出现，但是股价往往会在某些重要的支撑位，获得支撑从而结束下跌。

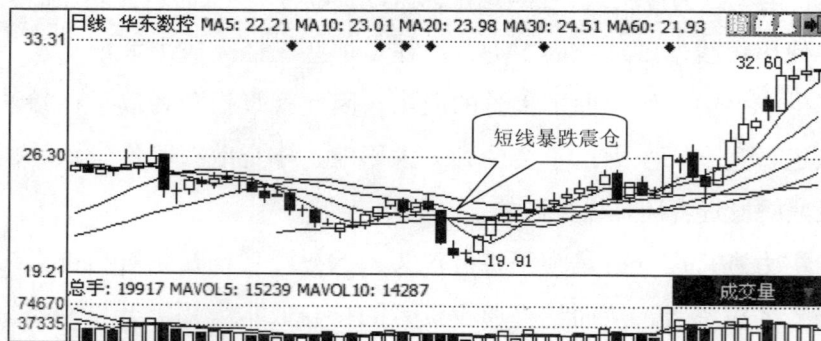

图 6-13　华东数控（002248）

在股价下跌到低点的时候，成交量也萎缩到了极限，这种量能形态说明该卖出的投资者，都已经卖出来了，盘中的抛盘数量已经急剧的减轻，量能的变化向主力提示了震仓已经达到了预期的效果。然后，股价会以更加凌厉的方式上涨。

主力在采用短线暴跌方式时，有两个前提，分别是：首先，主力手中的股票数量必须要多，只有这样普通投资者在低位买入动作，才不会给主力造成影响；其次，要求指数同期的走势必须配合，否则指数在上涨，个股却出现下跌，只会吸引更多的资金买入，一旦买盘数量超过了主力的承受范围，就会使主力陷入被动的局面。

一旦主力的震仓操作达到了预期的效果，下跌也就会停止。因为震仓的时间过长，震仓幅度过大，对主力来说，是需要花费很多资金的。所以，达到了效果就需要让股价开始涨上去，因此主力震仓完毕的位置，就是股价新一轮上涨行情的起点，这也是我们为什么要对主力的震仓操作，进行细致分析的主要原因所在。

四、放量震仓

投资者在分析主力是否在震仓的时候，除了要对 K 线形态进行分析外，对于成交量的变化也一定要重视，因为成交量的变化可以向投资者传达很多重要的信息。只有结合 K 线的形态、当前指数的波动状况和成交量的变化进行综合分析，投资者才可以得出准确的分析结论，从而为资金的增值打下坚实的基础。从成交量上来看，主力在震仓的时候会分为，放量震仓和无量震仓两种方式。虽然震仓的性质都是一样的，但成交量的变化却有着极大的差别。放量震仓形成时，由于某种利空因素或是股价大幅下跌，从而引起低成本获利盘的集中释放，因而造成了放量的现象。

在主力放量震仓时，常会干扰投资者的正确分析，因而成交量在相应的高位出现放大迹象，往往会给投资者造成一种顶部的错觉，从而进行了错误的操作，虽然此时大阴线的出现、成交量的急剧放大与顶部的走势很接近，但是却有很多技术特征与顶部是完全不同的。

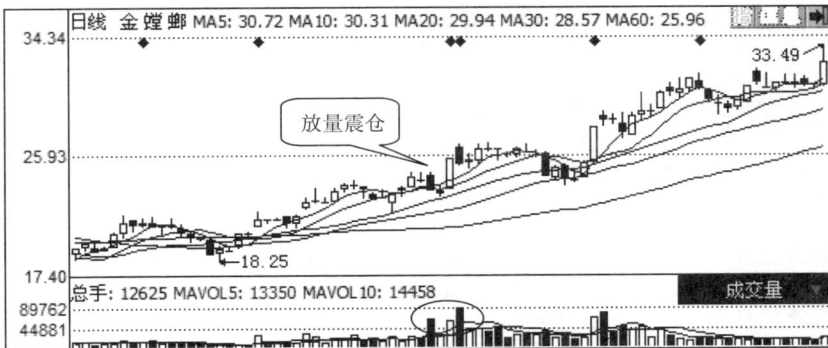

图 6-14　金螳螂（002081）

如图 6-14 所示，在股价上涨的过程中，成交量不时保持着放大的状态，这说明场外的资金对该股的上涨高度认可，并纷纷参与到上涨中来。在量价配合保持不变的情况下，投资者应当不断地进行持股操作，以获取更高的收益。但是，投资者这种坚定的持股操作对主力来讲，却是非常令人担心的事情，如果让股价始终保持着上升趋势，一旦到了顶部以后，这些获利盘必然会与主力争抢卖盘，这样主力的出货操作就会变得很被动。

因此，在上升过程中主力必然要进行一次大的震仓操作。由于股价的涨幅已经很高，因此想要震出投资者就必须让股价大幅度的下跌，甚至是以跌停的方式来震仓。伴随着股价的下跌，成交量出现急剧的放大，放量下跌过后股价继续上升，这说明此时的下跌不是主力出货，而是主力的一种震仓行为。所以，在股价涨幅较高的时候出现放量下跌的走势，投资者一定要细致的分析，因为有的时候放量并不是主力出货，而是普通投资者被震出的卖盘。

放量震仓操作出现后，往往会对应着股价短线暴跌的走势，正是因为暴跌的出现，让投资者感到很害怕，所以才导致了成交量的放大。虽然下跌很快，但是后期股价的上涨速度也是很快的，主力的震仓达到了预期的效果后，必然会快速的拉抬股价，一旦股价出现上涨，那么买点也就会随之形成。

主力通过放量震仓，可以震出很多低成本的获利盘，并且还可以在巨量出现时进行加仓操作，但是这种操盘手法有一定的局限性，那就是将会面临在低点被其他聪明的机构逢低买入的危险。因此，对于放量震仓，投资者应熟练掌握个股股性，谨慎分析放量特点。

五、无量震仓

通过上一部分的讲解，我们知道放量震仓手法有一定的局限性。所以，如果主力的持仓量非常巨大时，并且投资者手中所持有的股票，并不能对主力的操作起到什么影响作用的时候，主力就会采用另一种震仓方法，那就是无量震仓。

无量震仓，顾名思义，就是指主力在震仓的过程中，成交量变得越来越小，与前期的放量相比，当前的量能大幅萎缩。无量震仓从技术形态上很容易区别，只要投资者对成交量的变化形态进行了分析，就可以知道主力的操作意图了。相比而言，无量震仓的安全性要比放量震仓高得多，因为主力是无法在不断萎缩的量能过程中完成出货操作的。

股价的下跌分为主力出货性下跌与震仓式下跌，如果是主力出货性下跌，那么成交量必然会在前期形成巨量，并且在下跌的过程中，成交量始终保持放大的状态。而股价在下跌的时候，成交量不但没有放大，反而出现了萎缩的迹象，量能的萎缩说明主力并没有出货，而主力没有出货引起的下跌走势，往往就是主力的震仓操作，如图 6-15 所示。

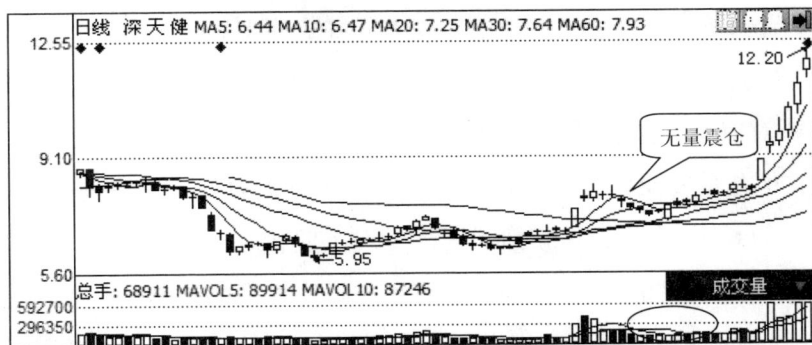

图 6-15　深天健（000090）

当主力进行无量震仓操作的时候，只要成交量的萎缩形成了近期的最小量，并且股价连续收出几根阴线以后，投资者就可以操作了。

由于采用无量下跌震仓方式的主力控盘度非常高，并且获利的心态急切，所以股价下跌的幅度并不会很大。因此在这个区间内，只要下跌有了力度衰减迹象，就是买点形成的时候。

无量震仓因为量能限制了主力出货操作，所以无论股价如何波动，安全性都是很高的，并且无量下跌同时也说明了主力的巨大持仓量，主力巨大的资金都没有出货，投资者也就没有要担心的了。所以，投资者不应当为股价的短线下跌而患得患失，应当站在主力的角度去看待股价的波动，立足长远才可以获得更高的收益。

六、盘中震仓

主力在进行震仓操作的时候，除了在日K线上留下种种迹象外，在分时图中的震仓技术特征则是更加明显。如果投资者对日K线的走势无法进行准确判断，只要对分时图中的走势进行了详细的分析，依然可以得到准确的答案。对分时图进行分析必须要结合股价所处的位置进行全面的分析，不能仅凭分时图的走势就简单的做出定论。股价所处的位置不同，虽然分时线的技术特征可能相似，但后期股价波动的方向，却会有着极大的差别。一般而言，在盘中分析主力是不是在震仓，必须要对成交量进行重点的分析，虽然分数线的波动状态也需要重点关注，但是成交量的变化则可以提示投资者，主力是不是在进行出货。

以图6-16为例，风帆股份（600482）股价在开盘后便出现了下跌的走势，虽然股价的分时线始终保持着弱势震荡的走势，但是通过对成交量进行深入分析就可以看到，在股价下跌的时候，并没有引发放量的迹象，成交量没有集中放大，说明主力的资金并没有进行大规模的出货，因此股价的波动就是安全的了。

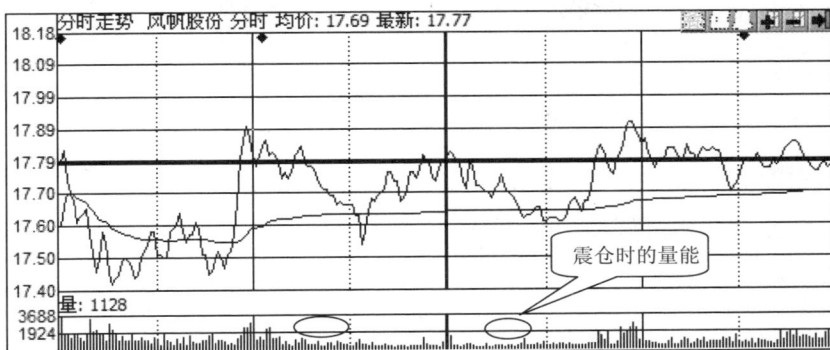

图 6-16　风帆股份（600482）分时走势

股价下跌时没有密集量出现，说明当前盘中大量的股票均被锁定。股票锁定的数量越多，下跌时的成交量越小，也就意味着主力的持仓量越大。股价杀跌时没有量，在后期弱势波动的时候，成交量也没有放大，而是在盘中形成了多次分钟内无成交量的状态。在主力震仓的时候，越是长时间没有成交量，就越说明盘中的卖盘数量非常少，主力也不可能在这么小的量能状态下进行出货操作。

在盘中对成交量进行分析，需要看两个位置的量能，一是股价下跌及下跌的低点位置；二是在股价上升及上升的高点位置。股价下跌或下跌的低点位置的成交量，最能准确地反映卖盘的大小程度，如果在股价下跌的过程中，这个位置始终没有巨大的成交量出现，就说明主力没有在盘中进行出货操作；在股价上升或上升高点的成交量，投资者也必须要重点的分析，因为主力的出货往往在高点处进行，如果上升的高点没有明显成交量，也就表示主力没有借助高点出货。这样主力在低点和高点都没有出货，那么，当天的分时线不管如何波动，都没有太大的问题。

只要投资者细心的对盘中的走势进行重点分析，并结合成交量的变化，就可以准确地识别主力的震仓行为。主力震仓时虽然股价出现下跌的走势，但是由于下跌的性质决定这不仅不是风险，反而还是盈利机会到来的信号。主力的震仓并不可怕，可怕的是在主力震仓时，投资者没有正确地识别这种正常的下跌走势，从而做出错误的卖出操作，导致后期错过好的盈利机会。

习题

1. 主力震仓的目的是什么，它需要什么样的外部环境？

2. 横盘震仓的技术特征是什么，它震仓的位置通常在哪个区间？

3. 采用短线暴跌震仓手法的条件是什么？

4. 放量震仓手法有什么局限性？

5. 什么是无量震仓，它给了我们什么市场思考？

6. 在盘中震仓中应注意哪些问题？

第四节　主力出货环境与运作手法

　　主力完成了建仓、拉高和震仓的操作以后，随着股价的连续上涨，已经获得了丰厚的投资回报。在这种情况下，接下来的出货操作也就无法避免了。出货操作的开始，对于投资者来说就是亏损的开始，如果投资者无法有效地识别主力的出货操作，一旦股价展开下跌的走势，必将会把前期的盈利交还给市场。不过，只要投资者掌握了主力出货的技术特征，市场风险也是可以有效回避的。

　　主力在出货操作开始的时候，K线的波动形态与成交量的变化，必然会与上涨时的走势有着极大的差异，而这些差异的出现就是风险到来的信号。并且主力在出货的时候，也有着很多外部的限制，所以出货操作并不是单一形成的，只有在很多条件都满足的情况下，主力的出货操作才可以有效率的进行。

一、外部环境对主力出货时的影响

　　主力在赚到钱以后，都会想办法在高位完成出货操作，虽然在盈利时，什么时候卖出股票都是可以的，但是主力想要达到最好的出货目的，外部的环境也是必须要重视的。主力只有在指数特定的环境中进行出货，才可以将股票卖在绝对的高位，而且只有在外部环境的配合下，主力才可以在最短的时间里完成最大量的出货操作。

　　一般来讲，主力出货时的外部环境，包括各种消息、普通投资者的跟风量与指数的波动状况等。其中，指数的波动状况最为重要，也是主力出货时必须要参考的，因为只有在指数呈现某种技术特征后，主力的出货才会达到最佳的效果。因此，投资者在分析某只个股主力有没有出货时，也要对指数的波动状况进行分析，这样分析的准确性也就有了很大的增加。

主力在进行出货的时候，必定会选择在高位进行出货，高位的概念并不是股价上涨很多就一定是高位，个股的高位概念通常是由指数来决定的，只要指数没有形成高点并展开下跌，个股一般也不会形成高点。

图 6-17　上海证券交易所股票价格综合指数

在图 6-17 中，指数进入主升浪阶段时，上涨的速度明显加快，阳线也总是连续的出现。这种情况下，主力是不会轻易出货的，因为出货时间过早将会错过盈利的机会，这是主力不希望看到的事情。在指数上涨一段时间后，上涨的速度越来越慢，或是伴随着利空消息指数突然暴跌，由此做多信心被动摇，筹码出现松动，顶部的迹象也越来越突出，这时主力才会在盘中开始不断地出货操作，指数的上涨一旦结束，也就意味着绝大多数的个股上涨行情也将结束。指数的下跌将会使普通投资者的卖盘不断出现，在这种情况下主力如果不提前出货，就需要拿出较多的资金买下投资者的卖盘，所以在指数形成顶部迹象时，出货操作就是必然要进行的了。

指数是否见顶回落，在很多时候往往都会有其内在的规律。在指数上涨的过程中，在一种情况下，主力很容易进行出货操作，那就是在指数明显受到了前期高点压力的时候。指数前期的高点必然套牢了大量的投资者，但指数经过长时间的上涨到达这个位置以后，由于主力已经实现了盈利，因此显然不会继续拉高股价，去解放前期被套的投资者，这样指数就会在这个位置形成顶部，而主力也往往会在指数受到前期高点压力的时候进行出货操作。

主力在进行出货操作的时候，除了指数的波动变化必须要参考外，操作标的公司的基本面，以及政策对行业的影响也是必须要关注的。如果政策对相关行业的支持力度比较大，或是公司的基本面不断向好，就会给主力的炒作带来一个好的借口；如果政策对相关行业进行打压，或是基本面出现了问题，也必然会对场外的买盘起到影响作用。因此，主力往往会在相关行业受到政策影响时，或是公司基本面出现变化时进行出货操作。

下表是 2009 年底至 2010 年的房地产市场调控政策，而图 6-18 是地产指数在调控时期的走势，通过对房地产调控政策与地产指数走势的对比分析，我们不难看出，在 2009 年 12 月份国家出台房地产调控政策后，地产指数就一直下跌，成交量也逐渐萎缩，市场低迷不振。而就在 2009 年 12 月之前，主力进行了两次明显的出货操作，所以主力随着指数的见顶和房地产调控政策的出台，及时地完成了出货。此后，地产指数与大盘指数的走势出现了明显的对比。

房地产市场调控政策

2009 年 12 月 07 日	中央经济工作会议：明年要增加普通商品住房供给
2009 年 12 月 09 日	个人住房转让营业税征免时限由 2 年恢复到 5 年
2009 年 12 月 14 日	国务院提四措施遏制部分城市房价过快上涨
2009 年 12 月 17 日	财政部、国土部等 5 部委新政打击囤地炒地：拿地首付不低于 50%
2009 年 12 月 23 日	财政部：五年内住房转让全额征收营业税
2010 年 02 月 20 日	银监会发布流动资金贷款管理暂行办法打击炒房者
2010 年 03 月 18 日	国资委要求 78 家非地产主业央企 15 天出退出方案
2010 年 04 月 13 日	住建部：加快保障房建设遏制房价过快上涨
2010 年 04 月 15 日	国务院常务会：贷款买二套房首付不得低于 50%
2010 年 05 月 04 日	住建部、中国人民银行、银监会三部委联合下发通知加强廉租房管理
2010 年 05 月 06 日	深圳等地相继出台国十条楼市新政细则
2010 年 09 月 29 日	多部委出台巩固房地产市场调控成果措施

图 6-18 房地产指数周线走势图

在主力出货的时候，其 K 线形态形成了明显的高位放量滞涨走势，这种走势标志着顶部的到来。面对诸多的利空因素，主力只能进行出货操作，虽然主力的资金从一定程度上可以影响股价的波动，但是在操作的过程中，如果不注重外部大环境的变化，要么无法实现盈利，要么就会耗费更多的成本，这对主力来说是没有任何好处的。当投资者掌握了主力出货时需要的外部环境后，再结合个股的具体走势形态进行分析，就可以更加准确地判断个股的顶部区域了，这样就为回避市场风险打下了良好的基础。

二、杀跌出货

市场顶部的来临，对于投资者来说就是风险的到来，虽然在这个区间内股价有可能继续保持着向上或是震荡的走势，但股价波动的性质早已经转变成了下跌。在主力出货的时候，会使用各种各样的手法，其中有一种出货方式，投资者必须要谨慎，因为主力一旦采用了这种出货方式，投资者的资金将会造成巨大的亏损，这种出货方式就是杀跌式出货。

杀跌式出货的技术特征是，当股价上涨到高位以后，就在主力卖盘连续抛出的情况下，股价在当前出现了大幅下跌的走势。主力在一定程度上是可以控制股价的波动的，如果主力要股价继续保持上涨的趋势，无论谁的资金再卖出，股价都不可能出现杀跌的走势，因此一旦股价出现了暴跌的走势，就意味着主力从此开始放弃了做多的操作，从而也就促使下跌走势的形成。

以图 6-19 中的北方国际（000065）为例，股价在上涨的过程中，出现了多次的调整走势，每当调整走势形成以后，都会收出一根比较大的阴线，但是每当阴线出现后，股价在后期又会展开连续的上涨并创出新高。这是因为，一是借助大阴线的出现进行洗盘；二是利用大阴线使投资者对下跌的走势越来越麻木，一旦投资者对大阴线的出现不再感到恐惧，后期主力就可以提高出货的效率。

图 6-19 北方国际（000065）

在主升浪到来的时候，大实体的阳线连续的出现，同时成交量也保持着放大的状态，这说明场外的投资者跟风的积极性非常高，这对主力来说是最希望看到的，因为这样便于在高位进行出货操作。在股价上涨到高位以后，主力便在买盘不断介入的情况下开始了出货操作，随着大量卖盘的出现，股价一度出现跌停，并吃掉了前期七天的上涨行情，尽管尾盘收了上去，但是筹码已明显松动，说明主力已经放弃了继续做多的打算，出货就是必然的了。

在投资者不断跟风买进的时候，主力就会采取不计价格的抛售操作，这样就可以在最短的时间里卖掉手中的股票，虽然这样出货会造成股价的大幅下跌，但是能以最快的速度回收资金，就算减少一些收益也是值得的，这就是那些高涨幅的个股，为什么总是采取放量杀跌方式进行出货的主要原因所在了。

对于杀跌出货方式，主力一般在什么时候采用这种操作呢？并不是什么样的股票都会出现这种走势，通常只有那些快速上涨，并且涨幅极大的个股才会出现杀跌出货的走势。如果股价的涨幅不大，一旦股价大幅下跌，不要说普通投资者了，就连主力都无法实现盈利；而股价涨幅较大以后，就算股价短线暴跌几个交易日，主力依然可以获得丰厚的收益。

所以，对于那些在牛市行情中，出现大幅上涨走势的个股，一旦股价出现放量下跌的走势，投资者就应该意识到，主力已放弃在盘中继续做多的打算，并开始出货操作了。放量杀跌出货方式，意味着主力在出货时不计成本，这也就决定着股价近期暴跌的必然趋势。因此，为了及时回避风险，投资者应当在股价的高位，首次出现放量大阴线时，有效的卖出手中的股票。

三、拉高回落出货

拉高回落式出货，是指股价被主力拉到高位后，进行了放量杀跌出货操作，随着股价的不断走弱，投资者的买盘数量开始减少，在这种情况下，主力就需要停止继续杀跌，让股价形成反弹的迹象，从而再次刺激投资者入场操作，以达到继续出货的目的。虽然股价看上去有反弹迹象，但是反弹的幅度往往是极为有限的，因为主力仍然在不断的出货，所以股价不可能在此时形成较大的涨幅。

在牛市行情形成的时候，个股的上涨速度都很快，并且上涨涨幅也非常大，因此主力经常会进行放量杀跌出货。这种出货方式的优点，就在于可以在最短的时间内回收大量的资金。不过，由于股价大幅度的回落也将会引发一个问题，那就是当股价连续下跌以后大量买盘将会消失。虽然主力回收了大部分的资金，但是手中依然还留有一些股票，主力要卖出这部分股票，就需要采用另外一种出货方式，那就是拉高回落式出货。拉高回落式出货通常是非常隐蔽的，因为在主力出货的时候，股价已经出现了一定幅度的下跌，理论上讲反弹也是正常现象，但是由于主力获利极其丰厚，所以在这个时候并不会发动真正的反弹行情，如果投资者仅从 K 线上分析，往往会陷入错误的思维，从而导致投资的亏损。所以，在这个时候投资者要做的，就是从成交量的变化上进行分析，这样可以避免买在主力出货的位置上。

在上涨到高位区间后，主力是非常有必要提前进行出货操作的，一旦其他投资者觉察到了顶部的形成，这时主力再出货，其巨大的持仓是抢不过普通投资者的。如图 6-20 所示，当股价上涨到了高位以后，虽然股价依然维持着上涨的走势，但是成交量却形成了放大的迹象，这说明主力已经在进行减仓操作了。随着一根很长上影线的出现，主力的出货迹象更加明确了，单日大幅下跌后，出现了短暂的拉升出货，随后伴随着跌停再次出现放量杀跌的走势。

图 6-20 西藏矿业（000762）

经过大幅下跌后，股价有了止稳的迹象，此时场外的投资者必然会入场进行抄底，而场中也会有很多投资者为了摊低成本进行买入操作，这样就为主力的出货提供了买盘。借助大量资金的入场，主力再一次轻松地完成了出货操作，而抄底的投资者却被套在了所谓的底部。因此，在主力出货的时候，投资者不要轻易地言底，否则将会很容易被套在冲高回落的出货区间。

在主力杀跌出货结束后，都会接着再进行一次出货操作，这就是拉高回落出货。采用拉高回落出货，对于投资者来说是一次最佳的中途卖点，因为在前期股价快速下跌的时候，很少有出货的机会，当前股价有了反弹的走势，自然也就形成了卖点。之所以称为卖点，就是因为主力在这个时候，是不会像前期一样拉高股票的，就算股价有了一定的反弹，也是主力为了更好地卖出手中剩余的股票。所以，在主力不断卖出股票的时候，投资者也要有计划地进行出货操作。

四、诱多出货

诱多出货是指经过首次出货，股价进入调整走势，成交量出现萎缩后，主力人为的再次拉高股价，使投资者认为，当前的位置不是顶部只是一次调整，从而激发场外的买盘介入。

在股价上涨到高位形成顶部，随着主力出货的不断延续，愿意入场的投资者越来越少，这时因为买盘的减少成交量变得低迷起来，盘面的这种变化给主力的出货造成巨大的障碍。在市场顶部买盘之所以会减少，这是因为股价上涨到一定幅度，在高位形成滞涨走势时，投资者都抱着一种谨慎的态度，有的投资者判断出了市场顶部，有的投资者在等待股价调整后再买，也就是说，像上涨过程中那样不顾一切，买入股票的投资者明显减少了。这时主力不能使股价继续下跌，否则更容易吓跑投资者，因此主力只能将股价再次拉起来，才能有效地吸引投资者的资金介入。通过上涨，主力就可以顺利地完成再次的出货操作，诱多出货的走势往往非常隐蔽，如果投资者仅从K线上进行分析，将很难准确地判断出主力的操作意图，所以投资者还要结合成交量进行综合分析。

如图6-21所示，当奥特迅（002227）股价创下了盘中的新高以后，在成交量持续放大的情况下，股价的波动重心却发生了明显的变化。成交量虽然没有明显的萎缩，但是大实体的阳线却很难再连续的形成，这种量价组合是高位滞涨的信号，它能够说明主力正在盘中进行着出货的操作，主力出货时卖盘必然增多。因此，股价也就很难再像前期一样凌厉的上涨。主力的出货是一个连续的过程，因此也就导致了股价的回落，股价在高位第一次回落的时候，成交量出现了萎缩状态，这种量能状态对主力来说是非常不利的，也就是说，主力的巨量仓位不可能在这么小的量能下顺利卖掉。

图6-21　奥特迅（002227）

当股价回落无法出货时，主力只能再次拉高股价，发动诱多上涨行情去吸引投资者的入场操作。于是，股价再一次连续收出了实体较大的阳线，随着阳线的出现与新高的形成，投资者的买入热情再一次高涨，虽然股价的上涨形成了，但是上涨的性质却是资金的出逃。利用诱多走势出货，可以帮助主力在较高的价位卖出手中的股票。在诱多上涨过程中，由于大阳线或涨停板总是不断地出现，因此这种走势将会对投资者造成极大的吸引作用。诱多走势一旦吸引了大量的买盘，主力就会再一次进行出货操作。

诱多出货之所以总是被主力成功的应用，主要是投资者的贪心导致的，在主力出货区间任何上涨走势都是极具欺骗性的，但是总是有很多投资者认为，此时的上涨是又一轮上升行情确立的信号，正是在这种错误的操作思维引导下，主力的出货操作才总是可以顺利地完成。

其实回避诱多上涨顶部并不是那么困难，只要投资者能够意识到，主力绝不会刚刚卖出手中股票，又会马上在同等价位进行建仓的原理，就可以有效地回避二次顶部的风险了。

五、涨停盘中出货

主力在出货的时候，如果使用打压的方式卖出股票，投资者是很容易区分出来的。但是，很多时候主力的出货却是非常隐蔽的，投资者还没有任何察觉的情况下，主力就已经顺利地卖掉了手中的股票。主力出货时，投资者除了要对 K 线图进行分析外，还要对分时图的波动变化进行细致的分析，因为在很多时候通过对分时图波动变化的分析，投资者可以很容易地就能判断出主力出货的信号。

在操作手法当中，有一种出货方法最为隐蔽，那就是，涨停出货。一般来讲，当某只个股形成涨停走势的时候，必然会吸引大量的投资者介入其中进行操作，巨量的买盘也就为主力的出货提供了极好的机会。下面将对涨停出货[1]的操作做详细的讲解。

以图 6-22 为例，金隅股份（601992）开盘小幅低开，但很快随着量能的温和放大，分时线也形成了强劲的上涨走势。股价在盘中经过短暂调整，在当日 11 时过后，股价随着成交量的急剧放大，于 13 时30 分股价封在了涨停板上，在涨停价格处买盘数量变得越来越多，这对于主力的出货就提供了极好的机会。借助涨停板的掩护，主力开始了较大的出货操作，随着连续的抛盘出现，股价的涨停板被快速地打开，同时成交量也形成了急剧地放大。因为主力的持仓量非常大，所以只有主力的抛盘才可以打开涨停板，因此这种放量打开涨停板的走势就是主力出货时最明显的技术特征。由于出货操作必须要持续进行，

---

[1] 交易制度，价格一致时间优先。主力拉高股价并封至涨停，首先要把自己的资金放在涨停价格上买入，这样投资者的买盘位置就靠后了，等主力后面有了足够的买盘以后，主力就会悄悄地撤掉排在投资者前面的买单，从而让投资者的买入位置靠前，这样大量普通投资者的买盘位置都排在了主力的前面，主力卖股票时就不会卖给自己了。

所以在后期放量的过程中，主力通常会多次抛出手中大量的股票，虽然股价维持着涨停的走势，但是在分析的时候，我们不能只看价格的变化而忽视量能的变化。

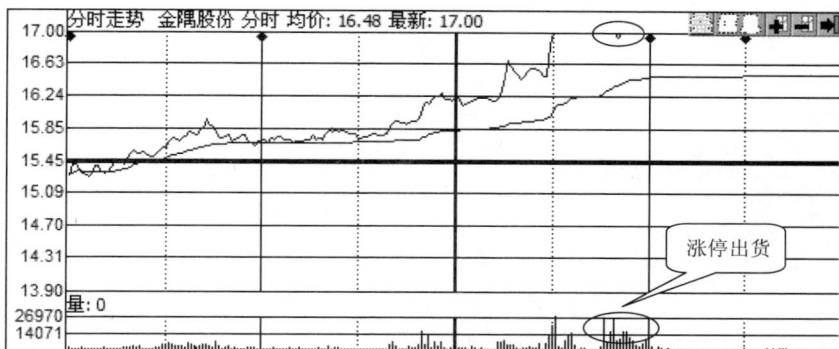

图6-22　金隅股份（601992）分时走势

在对量能进行分析时，投资者需要首先从K线的位置进行分析，如果K线的位置非常高，量能在涨停板位置的放大就是主力的出货操作，因为主力是没有必要在股价涨停的时候进行建仓的。

习题

1．主力出货时需要什么样的外部环境，怎样理解政策调控对行业的影响？

2．什么是杀跌式出货，一般在什么时候被采用？

3．什么是拉高回落式出货，主力为什么会采用拉高出货？

4．什么是诱多出货，采用它的优点是什么？诱多出货与拉高出货有什么区别？

5．哪种出货方法最为隐蔽，在对分时图进行分析时投资者应注意哪些问题？

第七章
游资操盘实战分析

DIQIZHANG

YOUZICAOPANSHIZHANFENXI

在证券市场上从来不缺少"主力"，有好的公司很快就会被发现、被注资，一旦他们控制了盘面，就会很容易地把做波段的投资者震出来。快进快出的短线交易，有助于主力资金封涨停板，当然频繁交易赚到的利润按复利算也是很多的；另外，先于主力资金长期潜伏的一些优秀公司，也能够赚取暴利。投资股票考验的是人性，要想自己获利先从别人也能获利的角度考虑问题，大家都能赚钱的股票才是好股票。尽管市场时时在变，但两大财技始终不离左右，即要么做短线交易，要么长期投资。所以，短线交易和长期投资两种极端方法，乐于被聪明的投资者所接受。

第一节　发现机会的切入点

任何股票价格的波动，都蕴藏着差价的机会和利润，追逐利润是资本的天性。在股票投资行业中，利润机会通常都是变幻的，而且是难以琢磨的，因此，一个心态不是很平稳的人，通常会很容易就掉进主力的圈套不能自拔、无法解套。本节将从短线热点切入技术、中线黑马买入法、超级牛股启爆点破解技术三个方面进行分析，它们都是可以直接应用到日常操作中的技巧。当然，仅仅看到机会是不会为投资者带来任何收益的，只有把握住这些历史机会，才会给投资者带来实实在在的收益。

一、短线热点切入技术

短线操作也是回避风险的一种方法，经常保持自己的持股结构和比例，在针对小资金运作的过程中量化投资，以化解投资风险，通过较为频繁的操作 [1]，使自己手中的股票和当前热点保持一致。不过，这样交易产生的手续费也是很高的，之所以保持短线操作，是因为市场大趋势决定了这样的操作模式，牛市到来的时候就要做好中长线投资，如果还是一味快速操作短线热点，就会错过在大行情中不断创历史新高的中长期利润。

短线操作比中长线的操作技术要求更高，没有过硬的看盘操盘技术是很难获得成功的。要想获取短线利润就必须研究短期热点，并把

---

[1]　在同样的价格买进卖出 70 次后，交易资金就会为"0"。所以，投资者在采取短线频繁操作时，必须在盈利的基础上进行；另外，以 1 万元为本金，只要成功操作 76 个涨停，就可以达到千万资产，这就是稳健获取复利的力量。

握住可以继续短线冲高的热点，抓住介入的时机，这样才可以快速短线获利。但是，如果没有良好的操作心态，在判断失误的时候不懂得快速止损，也就不可能成为一名合格的短线投资者。股票市场多数人亏钱的事实之所以没有改变，不是简单的因为行情的客观因素不好，而是不明白熊市到底有多凶残。

短线热点切入技术的核心，是指在投资者知道自己的短线把握能力及成功率的时候，在最近三天涨跌幅排名前 30 名的股票中，选择那些主力正要拉升，价格比较适合大众跟风，及目前还有很大后劲的股票。对短线投资者来说，精选"黑马池"是非常重要的，如果事先没有做好充分的准备，不管多么聪明的投资者，也不可能在个股行情启动的时候，第一时间做出正确的决策。采取稳健而且低风险获利方式，财富才可以不断地增加。如果不够稳健而过于冒进，只会使自己处于不稳定状态，今天抓了涨停赚了钱，明天又碰到了瞎马摔了跟头赔回去了。所以，利润可以增长慢一点，只要资本不断在增长就证明投资方法是正确的。

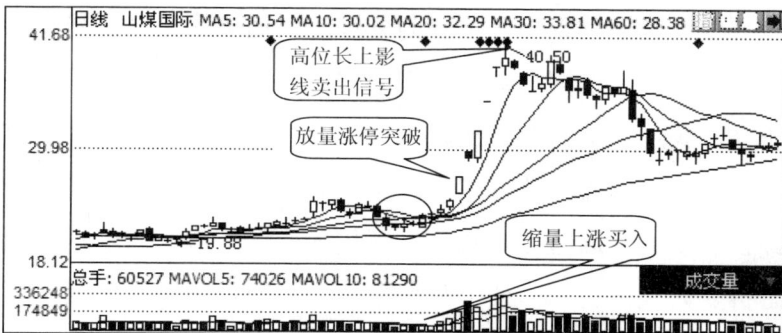

图 7-1　山煤国际（600546）

以图 7-1 为例，山煤国际（600546）目前是一家以煤炭贸易为主的公司，煤炭开采仅占 11.32%，自 2008 年 9 月以来，涨幅接近 10 倍，在煤炭板块可以说是一只典型的超级牛股。就短线而言，它的涨势也是很强劲的，前期股价见顶后，经过深幅下跌量能逐渐萎缩，2010年9月21日，量能缩到了最低，并且是在回调中缩的量，随后出现了见底组合，随着量能的放大，股价逐步被抬高，这时可以判断随后会有一波上涨走势，并分批买进股票。当放量涨停K线出现，并形成突破走势也就更加确立了它的短期上涨走势，这时要继续买进股票。当高位出现长上影线时，卖出信号出现，此时的换手率为17.15%，量能也特别大，而且还是前期顶部的高压区，说明主力在借机套现，所以，这时是投资者出货的最佳时机。对于短线操作的投资者来说，发现机会的切入点是至关重要的。同时，对于风险的管理，在什么时候出货也是获取利润的关键。

二、中线黑马买入法

短线操作对于投资者的素质要求比较高，不是所有投资者都适合的。集中优势做专做精，个人投资者都是可以做到的，对于机构投资者来说，做大做强也是一种很好的方法。挖掘中线黑马自然要从中线的角度，去分析和挖掘会被市场主力看好的股票或板块，提前做好相应的研究。我们知道这个是比较困难的，尤其是对没有太多真实信息的普通投资者。因此，游资考虑的中线股票多是已经被主力相中，并且已经在启动，后面还可以被市场认同的、能够继续上涨的股票，这才是游资要研究的目标。要分析股票是否具有中线的上涨潜力，关键是主力的意愿和资金实力，这就要从盘面上去分析主力的实力和操作风格了。一般不去研究实力小的短期主力，因为很多为了谋求短线利润的短期资金，运作失败的可能性也是很大的。

在中线牛股的判断上，第一个重要的条件就是，现阶段市场是否符合大机构或中等机构进场的时机。当底部形态走出来之后，股价上涨 15% 以上不回调，通常为主力做多的表现，在移动平均线多头排列的推动下，稳健上涨的股票最容易出现加速上涨，这是发掘中线黑马的一个很好的方法。

当大盘出现调整的时候，投资者要注意短线风险，特别是强势股票的补跌，中线股票也会进入深度回调。除了要回避强势股补跌之外，还应注意创新低的股票再次破位。一般不断创新低的股票最容易再创新低，经常上涨的股票最容易出现上涨，游资主要研究的对象集中在少数经常涨停的短线黑马股票中，如果资金比较大就需要精选中线潜力黑马。中线投资主要依据股票未来价值的成长性，业绩的大幅提升一般都会有大的基金，或者实力比较强的机构进行长线运作。

如图 7-2 所示，国阳新能（600348）在 2010 年 9 月 21 日，出现最低成交量时的底部特征是相同的，随着 10 月 8 日的涨停，突破了 30 日生命线和前期底部的高点，真正的上涨行情开始，可以说在 10 月份，自首个交易日起，股指便一路过关斩将，涨势锐不可当，即使在加息利空之下，仍然站上 3000 点大关，创出一年来最大单月涨幅。有色、煤炭、金融等周期性板块是本月的领涨者，而煤炭"贵族"国阳新能，以超过 90% 的涨幅斩获了牛股冠军。它的脱颖而出不仅沾了"优秀集体"的光，也就是煤炭板块集体飙涨，而且推动其强于板块涨幅的动因，主要还是来自大股东承诺资产注入预期的加强。随着股价的上涨，均线也出现了强势飙涨形态，这也是中线黑马明显的技术特征。当股价在高位趋于走平，出现了放量长阴线，什么主力在出货，接下了诱多"避雷针"信号的出现，更进一步说明了主力的出货动机，这时不能犹豫要果断出货。最后，要讲的是对于经常让你赚钱的股票要重点关注，一旦机会来临的时候，相信你一定会先发现的。

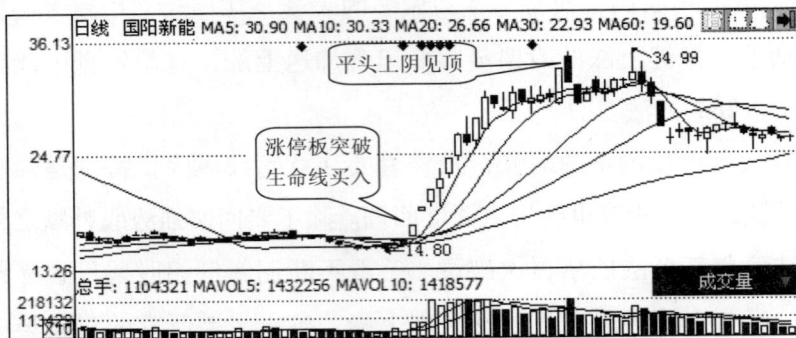

图7-2　国阳新能（600348）（现名为阳泉煤业）

三、超级牛股启爆点破解技术

一挂鞭炮，只要点燃一个，就会引发一串轰响，那时，你想制止都办不到。财富的短期效应也是这样聚焦的。接下来将重点讲解如何从K线上判断介入点位，如何发现牛股的启动，在最短的时间内做出决策。在股价上涨启动的那一瞬间大胆切入，以获取丰厚的利润，享受介入后马上拉升的快感与乐趣。

紧紧盯住即将启动的黑马，一旦突破重要的颈线价格，马上果断介入，这是获利最快最稳的一种方法。通常游资会用均线多头排列的方法找出向上的候选股票，投资者可能以为很简单，其实，真正的牛股都是多头排列清晰向上的，而且都是突破年线的牛股，投资者要掌握的正是最大的上涨趋势。大黑马启动的那一瞬间，需要很敏锐的眼光和心理准备的，其中判断超级黑马的一个重要依据就是价量关系。成交量的突然集中放大，对敲单的增加使股价快速拉抬，股票出现在5分钟涨幅榜当中，吸引投资者的眼球。一般短线超级牛股的运行都是有前奏的，成交量会有节奏的放大，在盘中加速的一刹那，会出现点火的成交量，这就是股票的启爆点。

短线操作的秘诀就是研究短期波动因素的变化，影响股票价格短期波动的因素，最重要的就是资金的推动与市场共鸣，在人气和资金都达到了完美配合的情况下，短线大黑马也就产生了。启动点，买进；上升途中，持有；上涨末端，卖出。这样进行股票的良性操作，资产才可以得到有效倍增。

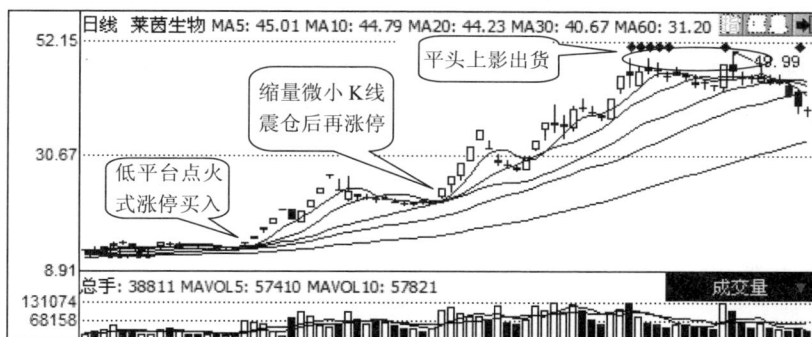

图7-3　莱茵生物（002166）

图7-3中所示，莱茵生物（002166）是一家生物制品公司，具有甲流龙头概念，是涨势及其强悍的一只股票。2009年4月27日，股价在上涨走势的震仓中，出现了低平台点火式涨停走势，这时是果断买入的最佳时机，从K线上来讲，这是牛股的启爆点。随后股价一路飙升，到7月30日出现了20个涨停板，三个月的时间上涨了2.75倍，中间出现了两次震仓调整，其缩量调整震仓特征明显，投资者并不难判断，在高位出现了平头上影线组合，说明主力放弃了继续做的动能，并已经开始在出货，所以，这时行情结束随机卖出股票。可以说这种清晰、彪悍的手法，是投资者重点研究的股票趋势判断法，每次行情来临时，只要重磅出击，就一定会获得超额利润。

习题

1．采取短线操作对投资者有哪些素质要求？游资就是代表短线操作吗？为什么？

2．短线热点切入技术的核心是什么？

3．游资是怎么挖掘中线黑马股的？

4．通过学习，你对超级牛股的启爆点有什么认识？本节讲解的卖出方法是什么？

第二节 暴利驱动热点

在股票市场可以激发投资者激情的，只有短期内出现大幅上涨的热点，来带动一匹黑马快速启动，形成赚钱效应。热点是主力机构根据经济信息，或者重大事件制造出来的题材，这些题材有真实的一面，也有夸张的一面，主要原因是资金优势和资讯优势决定了不被普通投资者知道的暴利所在。利润是驱动资金的重要根源，因为资金都是追涨利润的。只有巨大的利润才会出现暴利效应，驱动股票市场的热点，由于不同的阶段会出现不同的热点，在不同时期人们关心的事情是不一样的，只有在人们最关心的事情上，挖掘合适的亮点加以炒作，才会更加容易成功。

一、快速集中买单

热点个股激烈阶段的火爆行情，通常时间都在两周至三个月就完成快速拉升的过程。因此，投资者要以最快的速度集中买单狙击短线黑马，这样才可以使资金所追求的利润最大化。真正懂得市场规律的投资者，都是很会控制自己心态的，当机会在面前出现的时候，就要紧紧抓住这个赚钱的机会，否则，很难进入更高的台阶。就像国际投机大师索罗斯说的，"当你看准的时候，请尽可能把你的投入再加大一些。"在国外通过融资放大资金介入炒作的比较多，但在国内很多投资者剩余的资金不多，没有机会的时候，也在无度的浪费自己的本金，当真正行情到来的时候，却没有资金介入。

近年来，私募基金比公募基金的发展速度要快很多，其中原因是，私募基金的操盘手都是需要有口碑和诚信才可以胜任的，特别重要的一点就是操盘手有没有盈利的能力，能不能跑赢大盘。私募基金灵活的决策体系比公募基金把握的市场机会要多很多，而且没有那么多的数据公告和决策约束，因此，在短线操作方面有很大的优势。不过，很多投资者把短线、中线和长线分得太过执着了，不以盈利为目的的股票投资都将面临亏损的风险。

下面是对图 7-4 宁波韵升（600366）的分析，宁波韵升是国内第二大钕铁硼生产商，公司也因钕铁硼产品成为近期市场热捧的新能源概念股。2010 年 10 月 19 日，股价完成了三波调整，当调整到 60 日均线时，股价出现了反击涨停，成交量并没有放大，这时可以说是买进股票很好的切入点，接下来伴随着成交量放大，股价形成了快速上涨的走势，上涨仅 10 天时间，股价涨幅超过 77%，当股价在高位出现放量长阴线出货信号，这时就是卖出股票的最佳时机。

图 7-4　宁波韵升（600366）

二、追击领涨焦点

牛股在很多时候都会出现，投资比较安全的就是领涨龙头。在热点股票中会有 1 ~ 3 只股票成为市场焦点，它们之所以成为市场龙头，是因为它们具有领涨领跌的效应。当一个热点启动的时候，总有一个信号，就是有一只黑马股不断出现大涨，通常龙头股涨 50% 以上，才会带动整个板块的运动。只有第一名的黑马股，可以给投资者带来第一名的收益率，所以主动追击领涨焦点，是非常重要的一种盈利模式。领涨黑马股的 4 个要点，内容如下：

（1）必须是自己做过研究的股票，这是防止一时冲动而造成失误的保障；

（2）领涨特点要明显，而且具有持续性，如果不能持续，热点就不会有很好的上涨幅度；

（3）先涨停优先追，缩量涨停重点追。低价超跌股往往是短线黑马的摇篮；

（4）没有大资金参与的股票必然不会成为领涨黑马。

在股票市场，只有少数牛股走势与大盘有很大的区别，其表现为，大盘跌，它盘整或者少跌；大盘盘整，它上涨；大盘上涨，它表现突出，这就是牛股的特征。游资主要研究的就是最牛的股票，因为有资金在运作，而且是有能力推动股价上涨的资金，所以，投资者把握住这些股票，一定会有大的获利机会。

广晟有色（600259）是一家拥有丰富稀土资源的上市公司，2010 年 2 月份以来，主要稀土氧化物的价格均出现不同程度的提升，而国家出台的一系列稀土政策，也让市场进一步提高了对稀土价格的预期。在价格上涨与政策预期的双重作用下，A 股市场引发了一波又一波对稀土概念的操作。此外，国际市场大宗商品在美元贬值预期下大幅走高，也刺激 A 股有色、稀缺资源、煤炭等相关个股的大幅飙升。从交易信息分析，该股主要是实力游资对其进行了轮番炒作，使其成为一只超级领涨龙头股。2010 年 9 月 8 日，股价缩量涨停并突破了前期 3 个多月的调整高点，随后股价在成交量的推动下一路飙升，在一个月的交易时间里，飙升了 10 个涨停板，涨幅超过 2 倍。惯性冲高后出现高位"避雷针"组合信号，就是最好的卖出信号了，如图 7-5 所示。

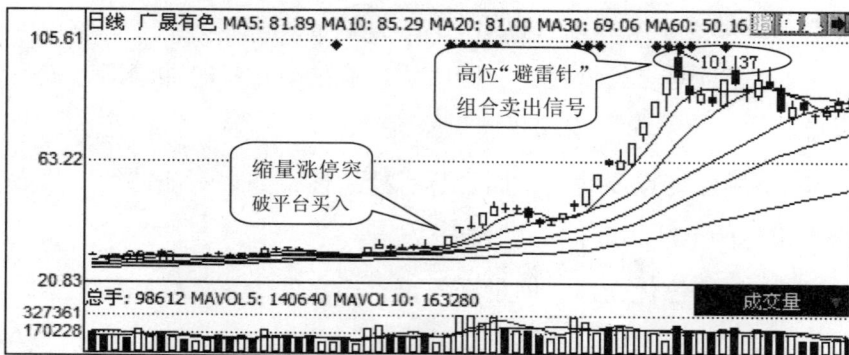

图 7-5　广晟有色（600259）

习题

1."当真正行情到来的时候，却没有资金介入"，怎么理解这句话？

2.领涨黑马有什么特点，牛股的特征是什么？

第三节　把握领涨先机

把握时机是投资者成功获利的一项重要技能，当机会到来的时候，就要看投资者是否有强烈而坚定的信念，是否有魄力和胆识去执行。每一个阶段性的行情，必然是由一两只股票或一两个板块带动的，而市场龙头地位只有在投资者中不断被认同，才会有惊人的市场表现，因此，在行情刚刚启动的时候，快速果断的建仓领涨股，这是专业股票投资者的能力体现。最短的时间内分析出谁是龙头，是抢占先机的主要手段，所谓机不可失，就是当投资者看懂的时候，一定要获得比较大的利润，不在于投资者操作次数的多少，而在于对机会大小和把握的成功率。

一、潜在机会分析

彻底分析潜在的市场机会，对股票市场的操作是非常重要的，因为很多机会通常很容易被投资者所忽略，而主力却挖空心思去寻找这些潜在的机会，而且还会设计一个绝妙的题材。每个阶段性见底之后，第一波反弹行情通常都是以低价超跌股为主的，低价股的超跌反弹行情，在熊市中也存在着比较明显的市场机会。在行情低迷时，不管是优质蓝筹股，还是成长性很好的中小盘股都会被投资者抛掉，为了实现更好的利润目标，投资者必须努力研究个股的基本面和技术面，找出支持买进和卖出的理由，这样就可以清楚地衡量该如何去做了，当大的赚钱机会到来的时候，专业投资者与业余投资者的区别就体现出来了。

一般来说，新股比老股上涨力度要大，尤其是新主力介入的股票。

从盘面特征上来说，原主力股都有长期炒作，大幅拉升的走势，而且主力高度控盘，这类个股是没有短线操作价值的，因为高度控盘的个股，意味着机构接下来就是想办法去出货，而不是吸货拉升，它往往会做出一些多头陷阱，来慢慢套住跟风盘。

所以，投资者必须找一些新主力介入的个股进行短线操作，长期观察一些近一两年来，股价没有大幅拉抬过，前期成交量低迷的个股，当股价出现异动，成交量急剧放大时，就可以短线介入了。俗话说，"横有多长，竖起来就有多高"，特别是一些新兴主力刚刚建仓完成，准备拉升前的最后一次挖坑震仓时，都是很珍贵的机会。

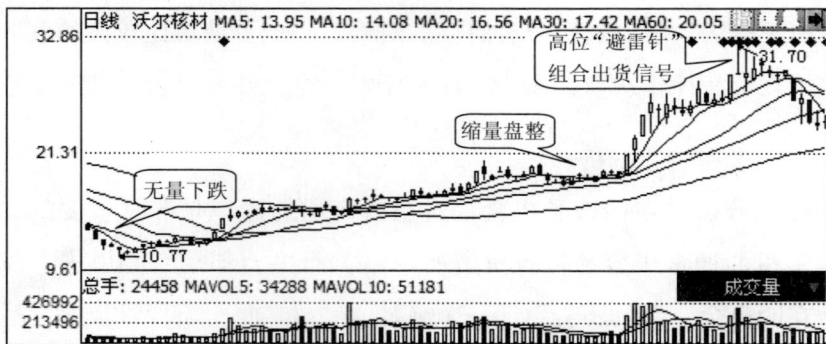

图 7-6　沃尔核材（002130）

以图 7-6 进行分析，沃尔核材（002130）在 2010 年 6 月 8 日，向全体股东 10 派 1 元人民币（税后 0.9 元），转增 5 股，分红方案实施后，随后股价惯性下跌，下跌过程中量能逐渐缩小，说明主力没有大规模的出货，后期股价还会保持强势走势。2010 年 7 月 2 日，股价单针探底，随后于 7 月 5 日股价低开收了一根假阳线，此后，量能逐渐放大，股价也逐步被抬高，在上涨的过程中股价经过缩量盘整，一路攀升经过加速上涨，股价上涨到 31.7 元，并在高位出现了典型的"避雷针"

组合信号，到此为止，阶段性上涨行情结束。

二、涨停领涨分析

在证券市场，股票涨停的力量是最大的，当市场出现大范围涨停股票的时候，行情往往就会发生转机。牛市和熊市的区别，一方面是年线[1]对牛熊市场的界定；另一方面主要的特点是，上涨的股票比较多，牛股比较明显，市场的投资气氛比较活跃。对数一数二的操盘手而言，就是快人一步介入龙头股票，而龙头股票往往又是第一个快速涨停的黑马。因此，当领涨龙头出现的时候，投资者要抓住它。另外，如果领涨股出现横盘或回调时，对其他跟风盘或者大盘也是非常重要的信号。

一般来说，短线游资的操盘模式，都是果断介入市场需要的一些股票，大小单通吃，一口气封住涨停，然后用大单挺住前15分钟的抛压，基本上就可以锁定在涨停价格收盘了。这是确立自身龙头地位的模式，这种涨停风格有着很强大的动力，往往会给市场很大的震撼。

能成为阶段性龙头的股票，是一定具有大幅上涨空间的，短期涨幅最少在30%以上，多数在60%以上，更强的是快速翻倍，短线暴涨的股票，除慢牛之外，时间很少超过3个月。游资最专业、最强的市场表现，就是对短线机会的把握，对龙头股票的把握。投资者没有把握住最好市场趋势时，等于是在浪费自己的时间[2]。

对于快速涨停的股票要及时地分析，看成交量和换手率是否具备

---

[1]　年线一般是指250日均线，是按照分析工具紧靠交易时间标准原则设定的，也就是250天股票指数或股票价格的平均数，表示在一年所有交易日里全部投资人的移动成本。

[2]　比尔·盖茨法则，是指花最少的时间去做最多的事情，而且把它做到最好。这种说法被称为是比尔·盖茨的做事和行动模式。

短线狙击的条件，重点观察经常涨停的股票，因为牛股的最大特点就是喜欢涨停，快速涨停的黑马股，带动并领导了市场趋势，所以，投资者抓住了这样快速上涨的龙头黑马股，也就把握住了市场的大趋势。

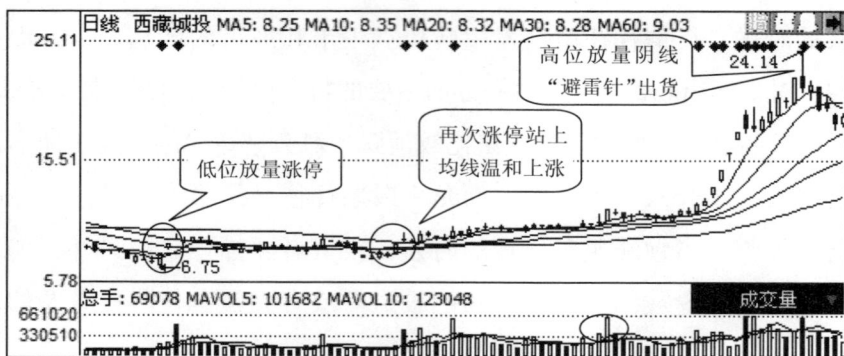

图 7-7　西藏城投（600773）

如图 7-7 所示，西藏城投（600773）因涉"锂"概念，公司股价也一路上涨。即西藏城投收购阿里圣拓矿业，拥有龙木错盐湖矿区开发权，其中年产 2000 吨碳酸锂可以应用于锂电子电池中。2010 年 5 月 21 日，股价出现了下跌后的第一次放量涨停，便意味着股价在低位出现了反转的动能。7 月 2 日，随后股价调整的最低点，也没有跌破前期的低点 6.75 元，接着股价开始温和上涨。8 月 31 日，股价再次涨停，开始了加速上涨的走势，一连走出了 5 个涨停，直到高位出现典型的阴线"避雷针"信号，换手率达到 30.59%，结束了这波上涨行情，也形成了重要的顶部区域。西藏城投可以说是一只明显被主力炒作的股票，另外，在调整或出货的高位都有一个明显的特点，就是每当放大量，高换手率时，股价都会出现短暂的调整，或是波段性的下跌。

不管牛市还是熊市，都是强势股的市场。短线操作更要精确选股，对阶段性的强势股进行分类，并观察盘面的变化，达到爆发点的时候就是买入的时候；到达高位多头能量转换，并释放后就是头部了，这个时候卖出是非常理性的。不是每一位投资者都可以把握住每一波行情，只要把握住其中最重要的主线股票就是最棒的。技术和心态越好，把握的进出尺度就越好，临界点就掌握的越好。

习题

1．在进行股票操作时，为什么要选择新兴主力介入的股票？

2．"赚了指数不赚钱"，怎么理解这句话？投资者怎么才能抓住市场趋势？

第四节　盈利与交易策略

对于热爱投资事业，善于股票交易的投资者来说，在市场跌破 5 年新低的时候，还能有利润支撑发展时，可以说是一种伟大的成就。在变幻的股票市场我们要的不仅仅是能够生存，还要有丰厚的利润，这就需要有一套完善的操作策略了。当赚钱的时候，把利润实现最大化；在亏损的时候，把损失减到最小，这就是策略的作用。

在资金达到一定规模的时候，在运作中都是需要详细策划的，否则在应急操作时就会非常被动。我们相信市场是有力量的，在操作过程中投资者不仅要把握住市场脉搏，充分利用市场规律，还要把握好市场变化的应对策略。虽然资金的作用不是主要的，但也有不可缺少的因素。

一、精选黑马狙击涨停

为了更快地把握市场热点，投资者需要做好功课，精心挑选一些股票作为跟踪的目标，一旦出现启动迹象就可以及时操作了，这就是通常说的自选股。因这些股票上涨的成功率非常高，又被叫作黑马池。一般黑马股具有主力爆炒的股性，以及容易形成短期聚集人气的特点，通常中等盘子的股票，比较容易成为被主力炒作的黑马，这些股票往往一出现就显示出很多题材，被媒体重点挖掘并放大很多倍。有机会涨停的股票必须是当天的强势股，也就是涨幅排名前 30 位的股票。当投资者开始使用黑马池的时候，也就说明实际操作已经进入正确的规范化操作进程。

就像索罗斯说的，"不管是牛市，还是熊市，仍然存在局部的热点，投资者应该更多的把握短期市场的热点，以及价值被低估的潜力股，而不要过分拘泥于指数的涨跌"。在不确定因素变化过程中，只进行短线和中线操作，从来不做超过半年不动的长线操作，这是游资针对熊市的操作策略；当牛市到来的时候，长线也是游资操盘的一种重要操作策略，如图7-8所示。

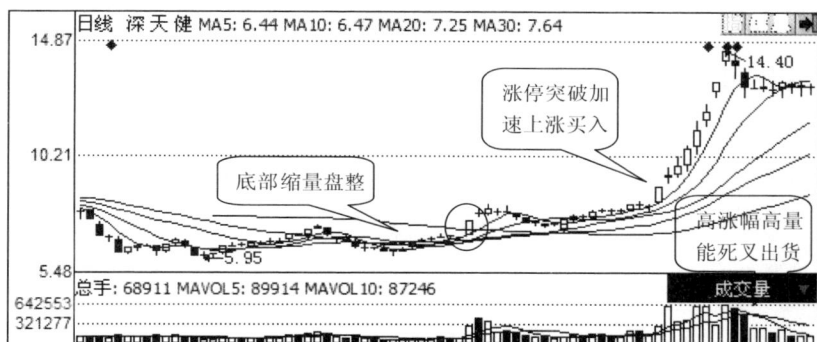

图 7-8　深天健（000090）

当投资者已经证明自己的选股正确时，要做的就是耐心等待最有利的时机和价格来介入，只要保持这种风格操作，相信投资者很快就可以成为一名优秀的实战操盘手了。一旦判断正确就要赚到超额利润，抓住黑马股不放松。也有很多投资者看对了行情，但由于自己的犹豫不决，造成底部没有买进，上涨的时候又想回调深一点再买进，结果股价一路上涨，眼睁睁地看着股价一路攀升，错过了赚钱的大好机会。要防止这种情况出现，就要有坚定的信念。目前，如果投资者还没有明确的目标，在操作时，就很容易出现这个股票买一次，那个股票买一次的混乱现象。例如，在深圳一家中信证券营业部，有位李先生长期只做一只股票，已经超过4年了，对于波段和小的波动规律相当熟悉，操作的成功率几乎为 100%，要么不操作，要么一操作就很有把握赚钱，这也是一种很好的赚钱策略。

深天健（000090）是深圳本地股，所属行业为建筑业，没有热点题材，是波段性很强的股票，而且上涨的爆发力也很强。2009 年 9 月 1 日，是盘中 5.95 元的低点位置，可以说股价走势清晰，成交量也很有规律，股价盘整中有序上涨。11 月 16 日，股价涨停突破并加速上涨，这时是短线买入的最佳切入点，这次涨停突破与上次是不同的，这一次是没有均线压制的。其卖出判定可以参考以下两种方法：一是，当股票的趋势出现变化，发生逆转的时候，一旦股票大幅跌破 5 日均线收盘，就意味着空头已经占据优势，这时获利卖出是最恰当的选择；二是，从成交量上来分析，在股价形成高涨幅时，高量能均量线形成死叉，是卖出股票的最佳信号。

二、顺势套现快速撤离

当大资金运作完成自己的既定目标后，在跟风盘有足够的资金接货的时候，就会把握机会进行套现。一旦错过了时机就很容易出现无法控制的局面，也有可能被市场的力量击垮，因此，当趋势发生改变的时候，套现也就不能有任何的含糊，操作速度要快，撤离出货要及时。因为，在趋势面前，没有真正可以操纵股价的主力行为。在资本市场，德隆就是最好的例证。

投资者只要明白主力的意图，遵循大盘趋势快速做出反应，在获得利润后，坚决执行制定的操作策略，成功运作并快速套现，实现利润现金化。做股票投资，不要被动的进入十大流通股东，也不要干扰股价的趋势波动。

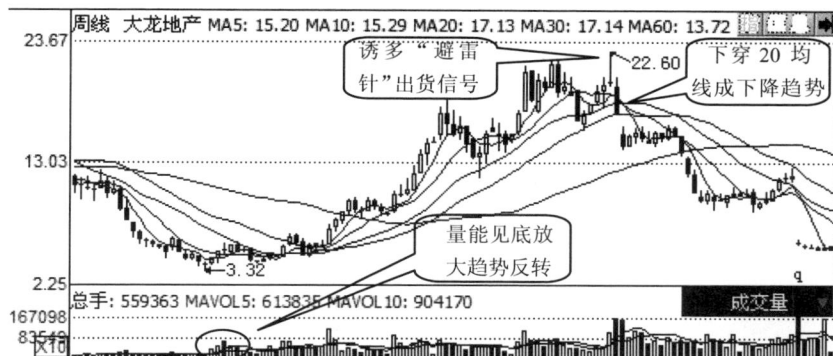

图 7-9 大龙地产（600159）

大龙地产（600159）是一家以房地产开发为主的公司，由于受到房地产政策调控的影响，以及公司自身"顺义地王事件"的利空消息，使公司股价一直处于低迷不振的状态。2010 年年初，北京市国土局发布公告，因拖欠地价款和预期未签订土地出让合同，大龙地产被暂停拿地资格。同时，"顺义地王"也被收回，2 亿元竞买保证金也被罚没。此后，证监会也对大龙地产涉嫌违规信息披露进行了调查。2010 年 1 月 21 日，上涨到了最高点 22.60 元，在周线上是一根典型的诱多"避雷针"顶部信号，从此股价一路下跌，到达图 7-9 中 5 元区间，几乎是一个天上一个地下。而此时的热点股票的价格都是在市场的高位，与之形成了一高一低的明显对比。

习题

1. 交易策略对投资者有什么作用？本节有几个出货点信号？

2. 你怎么理解索罗斯的"不要过分拘泥于指数的涨跌"这句话？

3. 对于股票投资什么是不可违背的，否则就会被市场击垮？

第八章
企业投资与
资本运营分析

DIBAZHANG

QIYETOUZIYUZIBENYUNYINGFENXI

投资股票就是要以合理的价格，购买非常优秀公司的股票，而不是以超低价格买一家平庸公司的股票，重要的是这个企业的业务基础是好的，是一个具有持续竞争优势，并拥有既能干又全心全意为股东服务的"十佳管理团队"的企业。

第一节　行业优势与代表企业的优越性分析

股票投资，就是对企业的投资，投资的是企业生意的一部分，而不是纯粹股票价格的波动。这就要求投资者对所投资的企业要非常的了解，并且这家企业还要有自己的优越性。企业是组成一个行业的基本单位，要想选择一家好的企业，我们还得先从企业所处的行业进行分析，只有具有行业优势的企业，才能有大的发展空间，并能得到快速的成长。

一、行业优势分析

不同时期，行业的优势表现也是不一样的，它是由整体经济或局部区域经济的发展决定的。目前，国内中小企业的平均寿命是 3.5 年，集团企业的平均寿命是 7 年；美国中小企业的平均寿命是 6.5 年，大企业平均寿命是 35 年。行业也是具有从产生、发展、成熟到衰退的过程，一个行业又会慢慢演变成若干细分行业，当然，行业的生命周期要比企业的寿命长得多，有些行业还会一直伴随着人类发展的进程。对投资而言，选择的是行业的相对优势阶段，或行业发展的快速成长时期。当行业发展到一定阶段，或者是行业的疲软期，就会出现整体效率低下，收益减退，投资资金就会流向市场效率高，收益丰厚的新兴行业，或是新兴产业。

在股票市场流行着这样一种说法，就是"喝酒吃药，眉（煤）飞色舞"，指的是饮料行业（细分高档白酒行业）、生物医药行业、煤炭行业和有色金属行业四大行业。这四大行业可以说，一直是被资金关注的焦点，每轮大的行情几乎都会成为市场的热点，这是因为它们不仅具有行业特色的题材功能，还具有市场的防御功能。酒类行业属于大消费概念，尤其是高档白酒是高端市场不可缺少的，这就为一些企业在市场防御功能上，无形中提供了必要的保障条件。当然，在这个行业也不是每个企业都具有这样的题材功能。生物医药行业，由于社会公众对生物医药的需求，受经济周期波动的影响较小，所以，生物医药的市场需求通常是刚性的，这使得生物医药行业上市公司的业绩具有相对稳定性，是典型的非周期性行业，是市场中较好的防御类股票。

煤炭和有色金属行业是周期性行业，受市场周期或经济周期波动的影响较大，但是，煤炭属于不可再生能源，也是工业和民生不可缺少的，所以，在行情好转时也就具备了炒作题材。有色金属行业有些是稀有金属和贵金属，如黄金，属于贵金属，具有储藏、保值和升值功能；如稀土，属于稀缺资源，企业具有相对垄断性。因此，煤炭和有色金属行业自然也就成了市场关注的热点。

金融、地产和钢铁行业，就没有煤炭和有色金属那么热，相对走势还非常低迷，除金融行业外，地产、钢铁都是周期性行业，其主要原因是它们的流通盘太大，地产又受到政策调控影响。对于钢铁来说，国内没有铁矿石定价权，成本上涨也是其原因之一。虽然它们吸收了市场的大部分资金，但是已失去了快速扩张的能力，也不具有成长性，在市场中将起到稳定性作用，不会成为市场大涨的热点。

电子科技行业是一个不断被革新的行业，它需要不断地创新来争取市场占有份额，扩大产品的利润空间。所以，这个行业的企业优势主要体现在技术的高新性能上。在市场表现上，通常具有传统产品的替代效应，因此，它具有炒作的题材，如触摸屏概念。但是，由于产品革新的速度比较快，所以，企业的持久性较差，受市场波动的影响明显，具有不稳定性，对企业后续发展判断起来难度较大，这是投资者需要特别注意的。

二、行业代表企业的优越性分析

投资股票，我们不仅要选择具有优势的行业，还要选择优势行业或细分行业的优越性企业，也就是非常优秀公司的股票。一般为行业龙头或细分行业的龙头企业，这些企业通常具有成长性、流通盘小、高新性、定价权、管理团队优秀等特点，具体内容如下。

1. 公司成长性。一个公司只有具有成长性，才会给股东带来较大收益。创立公司，扩展生意是为了赚取更多的利润，随着公司不断发展壮大，股东的收益才会快速增加。试想，当公司失去成长能力，股东还有多少利润增加，投资者除了博取差价，还能有多少其他收益。一个公司从创立、发展、成熟、衰退到转型，最能给投资者带来收益的，就是公司的发展和成熟期，也就是公司的成长期。所以，投资者所选择的公司，必须具有成长性。

2. 流通盘相对较小。选择流通盘相对较小的公司，其作用主要包括两个方面：一是流通盘小，有利于股权的流通，对股价的拉抬起到积极推动作用，股价表现比较活跃；二是具有较强的扩股能力。

3. 企业高新性。企业的高薪性，也就意味着会受到政策等各方面的支持，同时也代表着市场新需求和高技术含量的相对优势地位，在其行业中具有主导作用，这样才能占有更大的市场份额，获取更多的市场收益。

4. 业务的主导性与龙头地位。一个公司最直接的利润来源就是市场，市场就是企业赖以生存的根本，而直接面对市场的就是产品业务，因此，一个公司的核心竞争力就体现在公司的产品业务上。就像巴菲特说的，"过去几十年辛辛苦苦一直做的事，就是寻找在业务上具有强大持续竞争优势，具有很强的定价能力，拥有一种垄断地位的优秀公司"。

5．产品定价权。当企业拥有产品定价权时，也就说明企业在所处行业具有龙头地位，也就是垄断着整个行业。这样的企业可以说占尽先机，拥有绝对优势，给投资者带来的收益也将是最好的。

6．一流业绩。一流业绩的取得，一方面体现在公司的盈利能力上，另一方面体现在公司运营成本上。投资者要努力寻找那些不需要投入太多资本，就能实现持续增长的超级明星公司。例如，像贵州茅台（600519），尤其是美国的可口可乐不需要投入太多资本，就可以经营得很好；甚至，有些公司投入成本是负数照样运营很好，比如杂志，提前收取订户的订阅费，后来才寄送杂志。企业经营需要投入资本多少非常关键，那些投入资本是负数的公司最好不过。很多消费类公司有很好的投资收益率，但是太多的人想要买入这类公司，因此很难以好的价格买入。

7．分红送配实施能力。股本分红送配，是投资者不用博取交易差价，直接受益于公司长期增长带来的经营市场收益。在股价得到强势填权的基础上，是投资者最理想的投资选择。一方面可以增加投资者的现金流用于再投资，另一方面相对高的价格扩大了持股股本。投资者只需要持有股票，就可以获得超额投资收益。

8．优秀管理团队。从某种层面上来说，投资就是投人，投资者应该非常重视公司，是否拥有一流的管理团队。优秀的管理团队，不仅工作作风务实、能干，执行能力到位，对投资股东有很强的责任感，会定期对投资股东给予分红送配，使公司得到又好又快发展，并取得超额市场收益。

以上从 8 个方面，讲解了一个优秀公司所拥有的优越性内容，明确提出产品业务，在一个公司核心竞争力上的作用，及其他综合特点的论述分析，下面将通过一个案例，来结束本节的讲解。

以金螳螂（002081）为例，金螳螂于 2006 年 11 月 20 日上市，属于建筑装饰行业。到 2010 年底，公司连续 8 年成为中国建筑装饰百强企业第一名，是建筑装饰行业的龙头企业，蝉联"中小板上市公司 50 强"和"中小板上市公司十佳管理团队"，以及"金圆桌奖——优秀董事会"，公司还拥有国内最大的设计师团队，设计水平处于国内领先地位。

截止到 2011 年 2 月底，自上市以来，以二级市场股价的最低点到最高点计算，复权后涨幅为 13.79 倍，平均每年涨幅为 3 倍以上，可以说，这样的投资回报率是非常理想的，并且还包括 2008 年的金融危机，虽然不及有色金属、生物医药等优势行业的超级大牛股，但是，这样的回报率在市场中可以说也是数一数二的。投资该公司股票最关键的是，投资者不用去过多的博取差价，它自身成长给投资者带来的收益是非常高的，公司上市不到 5 年，5 次派息，2 次送股，2 次转股。2008 年除外，后面两次分红后，股票顺利填权并创出新高，实现了收益最大化，可见图 8-1 和表 8-1 所示。

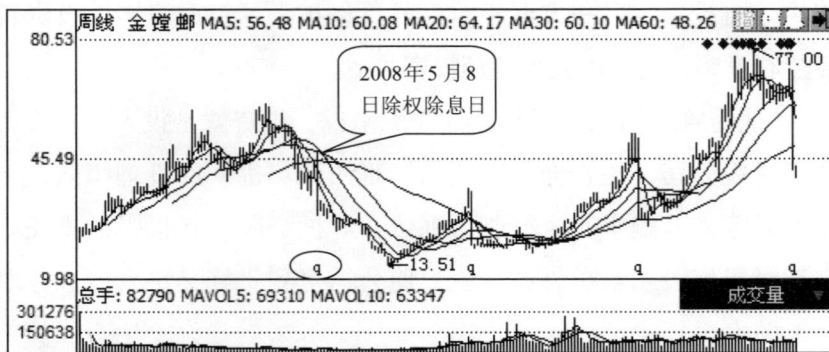

图 8-1　金螳螂（002081）

表 8-1　金螳螂建筑装饰公司年度分红扩股表

分红年度	分红方案说明	重点提示
2010 年 12 月 31 日	向全体股东 10 派人民币 2.00 元（税后 1.3 元）送 5 股	公布日期：2011 年 3 月 25 日 股权登记日：2011 年 3 月 30 日 除权除息日：2011 年 3 月 31 日 股息到账日：2011 年 3 月 31 日 红利上市日：2011 年 3 月 31 日
2009 年 12 月 31 日	向全体股东 10 派人民币 4.00 元（税后 3.1 元）送 5 股	公布日期：2010 年 4 月 22 日 股权登记日：2010 年 4 月 27 日 除权除息日：2010 年 4 月 28 日
2008 年 12 月 31 日	向全体股东 10 派人民币 2.00 元（税后 1.8 元）转增 5 股	公布日期：2009 年 4 月 15 日 股权登记日：2009 年 4 月 21 日 除权除息日：2009 年 4 月 22 日 股息到账日：2009 年 4 月 22 日 转增股上市：2009 年 4 月 22 日
2007 年 12 月 31 日	向全体股东 10 派人民币 2.00 元（税后 1.8 元）转增 5 股	公布日期：2008 年 4 月 29 日 股权登记日：2008 年 5 月 7 日 除权除息日：2008 年 5 月 08 日
2006 年 12 月 31 日	向全体股东 10 派人民币 2.00 元（税后 1.8 元）	公布日期：2007 年 5 月 10 日 股权登记日：2007 年 5 月 16 日 除权除息日：2007 年 5 月 17 日 股息到账日：2007 年 5 月 17 日

有些上市公司就像铁公鸡一样，企业上市后一毛不拔，既不派息又不分红转股，投资者只能在二级市场进行差价交易，以此来获取市场收益，对于这类股票关键要看是否具有炒作题材，有没有热点聚焦。否则，投资回报率就会低于市场收益。

习题

1. 请解读股市里的"喝酒吃药，眉（煤）飞色舞"现象，金融、地产、钢铁走势为什么低迷？

2．企业优越性主要体现在哪里？其核心内容是什么？

3．对于不进行分红派息的企业，除企业优越性特点外，投资者还应把握哪几点？

第二节　企业分红派息与投资现金流

在证券市场，投资者除了博取市场差价及股本送转以外，还有另外一种收益，那就是企业分红派息。这部分收益是以现金方式派送的，股息到账之后就成为投资者的现金流，供投资者自由支配，这部分资金往往会用于股票再投资。在股票市场，可以说只有股息是最实在的收益，它不像股价今天涨明天跌，当然股息的派送不是固定的。但是，一些主要通过派息来回报投资者，甚至是以支付较高股息使股东获得收益的企业，通常都有比较好的现金分红。下面将通过银行、保险、煤炭、高档酒、石油、建筑、证券、有色金属八个方面，及代表企业就股息、股本送转、股价涨跌幅三者之间，所存在的市场联系进行分析。

1. 银行

表 8-2　工商银行（601398）

分红年度	分红派息	派息股价(元)	每股收益（元）	重点提示
2010 年 12 月 31 日	向全体股东 10 派人民币 1.84 元（含税）	4.59 股息率 4.00%	0.48	预案 公布日期：2011 年 3 月 31 日
2009 年 12 月 31 日	向全体股东 10 派人民币 1.70 元（税后 1.53 元）	4.52 股息率 3.76%	0.39	股权登记日：2010 年 5 月 26 日 股息到账日：2010 年 6 月 25 日
2008 年 12 月 31 日	向全体股东 10 派人民币 1.65 元（税后 1.485 元）	4.69 股息率 3.51%	0.33	股权登记日：2009 年 6 月 3 日 股息到账日：2009 年 6 月 30 日

续表

分红年度	分红派息	派息股价(元)	每股收益(元)	重点提示
2007 年 12 月 31 日	向全体股东 10 派人民币 1.33 元（税后 1.197 元）	5.17 股息率 2.57%	0.24	股权登记日：2008 年 6 月 17 日 股息到账日：2008 年 6 月 26 日
2006 年 12 月 31 日	向全体股东 10 派人民币 0.16 元（税后 0.144 元）	5.11 股息率 0.31%		股权登记日：2007 年 6 月 20 日 股息到账日：2007 年 6 月 28 日
5 年平均股息率：2.83%，5 年累计股息率：14.15%（除 2006 年，最近 4 年实际年均派息率为 3.46%）				

2. 保险

表 8-3　中国人寿（601628）

分红年度	分红派息	派息股价(元)	每股收益(元)	重点提示
2010 年 12 月 31 日	向全体股东 10 派人民币 4.00 元（含税）	21.62 股息率 1.85%		预案公布日期：2011 年 3 月 23 日
2009 年 12 月 31 日	向全体股东 10 派人民币 7.00 元（税后 6.3 元）	25.29 股息率 2.76%		股权登记日：2010 年 6 月 23 日 股息到账日：2010 年 7 月 02 日
2008 年 12 月 31 日	向全体股东 10 派人民币 2.3 元（税后 2.07 元）	26.03 股息率 0.88%	0.36	股权登记日：2009 年 6 月 11 日 股息到账日：2009 年 6 月 19 日
2007 年 12 月 31 日	向全体股东 10 派人民币 4.2 元（税后 3.78 元）	27.33 股息率 1.53%	0.99	股权登记日：2008 年 6 月 11 日 股息到账日：2008 年 6 月 20 日
2006 年 12 月 31 日	向全体股东 10 派人民币 1.4 元（税后 1.26 元）	41.11 股息率 0.34%		股权登记日：2007 年 6 月 29 日 股息到账日：2007 年 7 月 6 日
5 年平均股息率：1.47%，5 年累计股息率：7.36%（除 2006 年，最近 4 年实际年均派息率为 1.76%）				

从表 8-2 和表 8-3 中可以看到，工商银行、中国人寿是超大盘的金融股，工商银行 5 年累计股息率是 14.15%，5 年平均股息率是 2.83%，除 2006 年外，最近 4 年实际年均派息率为 3.46%，这在企业现金分红上是极少见的，目前，工商银行现金派息是最好的。平均股息超过了银行一年期存款利率（按 2.50% 计算），有些年度股息超过了三年定存，接近 5 年定存利率水平。所以，对有些投资者来说，这是不容忽视的投资收益。相比较而言，中国人寿比工商银行的股息派送要少很多。

工商银行和中国人寿在股价涨幅上基本趋于一致，涨幅都不大，属于稳定增长的企业。另外，这两家公司 5 年期间都没有进行股本送转，这主要是因为股本已经太大，已不利于再进行股本送转。可以说金融行业，尤其是银行是现金分红整体最高的。

3. 煤炭

表 8-4　潞安环能（601699）

分红年度	分红派息	派息股价（元）	每股收益（元）	重点提示
2010 年 12 月 31 日	向全体股东 10 派人民币 10.00 元（含税）送 6 股转股 4 股	69.32 股息率 1.44%		预案 公布日期：2011 年 3 月 30 日
2009 年 12 月 31 日	向全体股东 10 派人民币 10.00 元（税后 9.00 元）	34.96 股息率 2.86%	1.833	股权登记日：2010 年 6 月 9 日 股息到账日：2010 年 6 月 18 日
2008 年 12 月 31 日	向全体股东 10 派人民币 10.00 元（税后 9.00 元）	38.27 股息率 2.61%	2.48	股权登记日：2009 年 6 月 10 日 股息到账日：2009 年 6 月 17 日

分红年度	分红派息	派息股价(元)	每股收益(元)	重点提示
2007 年 12 月 31 日	向全体股东 10 派人民币 7.20 元（税后 6.18 元）送 3 股转股 5 股	78.19 股息率 0.92%	1.53	股权登记日：2008 年 6 月 2 日 股息到账日：2008 年 6 月 10 日
2006 年 12 月 31 日	向全体股东 10 派人民币 3.00 元（税后 2.70 元）	33.6 股息率 0.89%		股权登记日：2007 年 5 月 16 日 股息到账日：2007 年 5 月 23 日
5 年平均股息率：1.74%，5 年累计股息率：8.72%				

4. 消费类高档酒

表 8-5 张裕 A（000869）

分红年度	分红派息	派息股价（元）	每股收益（元）	重点提示
2009 年 12 月 31 日	向全体股东 10 派人民币 12.00 元（税后 10.80 元）；	83.8 股息率 1.43%		股权登记日：2010 年 7 月 6 日 股息到账日：2010 年 7 月 7 日
2008 年 12 月 31 日	向全体股东 10 派人民币 12.00 元（税后 10.80 元）	50.95 股息率 2.35%	1.7	股权登记日：2009 年 6 月 3 日 股息到账日：2009 年 6 月 4 日
2007 年 12 月 31 日	向全体股东 10 派人民币 11.00 元（税后 9.90 元）	83.88 股息率 1.31%	1.21	股权登记日：2008 年 5 月 15 日 股息到账日：2008 年 5 月 16 日
2006 年 12 月 31 日	向全体股东 10 派人民币 8.00 元（税后 7.20 元）	56.19 股息率 1.42%		股权登记日：2007 年 4 月 25 日 股息到账日：2007 年 4 月 26 日
4 年平均股息率：1.63%，4 年累计股息率：6.51%				

　　表8-4和表8-5中的潞安环能和张裕A，代表了两个不同的行业，但都是市场资金关注的焦点，不管是煤炭还是消费类的高档白酒，都是市场投资的热点板块。股本有一定的送转能力，有的企业股本送转能力还很强，但是酒类在送转上整体不及煤炭。在涨幅上都有着惊人的表现，有些股票通常都是超级大牛股，这一点与金融类股票是完全不同的。

　　从股息率上来讲，潞安环能5年平均股息率为1.74%，张裕A4年平均股息率为1.63%，这在现金分红上还是可以的，潞安环能连续5年分红，两次高送转，股价活跃，涨幅比较大，这就是非常优秀企业的表现特征。能够持续派送比较高的股息，股价涨幅非常牛势，而且股本送转也非常好，这样的企业都会给投资者带来超额回报，属于成长中的贵族股票，这样的公司就是投资者长期进行分析并投资的重点。

　　表8-6是中国石油分红派息的数据表，中国石油于2007年11月5日上市，至2010年底累计派息8.45%，4年平均股息率为2.11%，而且是每年两次派息，这在股票分红派息中是非常少的。从年均股息率来看，中国石油低于工商银行，但高于其他股票，其总股本为1830.21亿股，并进入全流通行列，股价整体涨幅非常小，已不具备股本送转优势，对于中小投资者来说，其意义不大。但是，对于稳定收益的保险资金和社保等基金来讲，应是很好的组合配置。

5. 石油

表 8-6 中国石油（601857）

分红年度	分红派息	派息股价（元）	每股收益(元)	重点提示
2010 年 12 月 31 日	向全体股东 10 派人民币 1.84 元(含税）	12.18 股息率 1.51%		预案 公布日期：2011 年 3 月 18 日
2010 年 06 月 30 日	向全体股东 10 派人民币 1.61 元(税后 1.446 元）	10.20 股息率 1.57%	0.36	股权登记日：2010 年 9 月 15 日 股息到账日：2010 年 10 月 15 日
2009 年 12 月 31 日	向全体股东 10 派人民币 1.3 元（税后 1.17 元）	10.77 股息率 1.2%	0.56	股权登记日：2010 年 6 月 2 日 股息到账日：2010 年 6 月 30 日
2009 年 06 月 30 日	向全体股东 10 派人民币 1.24 元(税后 1.117 元）	13.63 股息率 0.9%	0.27	股权登记日：2009 年 9 月 16 日 股息到账日：2009 年 10 月 16 日
2008 年 12 月 31 日	向全体股东 10 派人民币 1.5 元（税后 1.346 元）	13.66 股息率 1.09%	0.62	股权登记日：2009 年 5 月 27 日 股息到账日：2009 年 6 月 19 日
2008 年 06 月 30 日	向全体股东 10 派人民币 1.32 元(税后 1.187 元）	10.17 股息率 1.29%	0.26	股权登记日：2008 年 9 月 18 日 股息到账日：2008 年 10 月 16 日
2007 年 12 月 31 日	向全体股东 10 派人民币 1.57 元(税后 1.412 元）	17.63 股息率 0.89%	0.75	股权登记日：2008 年 5 月 28 日 股息到账日：2008 年 6 月 13 日
4 年平均股息率：2.11%，4 年累计股息率：8.45% （中石油于 2007 年 11 月 5 日上市，所以数据从 2007 年计入）				

6. 建筑

表 8-7　中工国际（002051）

分红年度	分红派息	派息股价（元）	每股收益（元）	重点提示
2010 年 12 月 31 日	向全体股东 10 派人民币 3.5 元（含税）转增 3 股	34.6 股息率 1.01%	1.07	预案 公布日期：2011 年 4 月 7 日
2010 年 06 月 30 日	向全体股东 10 派人民币 3.5 元（税后 3.15 元）转增 5 股	67.46 股息率 0.51%		股权登记日：2010 年 12 月 6 日 股息到账日：2010 年 12 月 7 日
2008 年 12 月 31 日	向全体股东 10 派人民币 3.5 元（税后 3.15 元）	17.98 股息率 1.94%	0.76	股权登记日：2009 年 6 月 2 日 股息到账日：2009 年 6 月 3 日
2007 年 12 月 31 日	向全体股东 10 派人民币 3.5 元（税后 3.15 元）	17.97 股息率 1.94%	0.59	股权登记日：2008 年 5 月 28 日 股息到账日：2008 年 5 月 29 日
2006 年 12 月 31 日	向全体股东 10 派人民币 3.0 元（税后 2.7 元）	27.2 股息率 1.10%		股权登记日：2007 年 6 月 5 日 股息到账日：2007 年 6 月 6 日
5 年平均股息率：1.3%，5 年累计股息率：6.5% （2009 年没有派息，4 年实际年均派息率为 1.625%）				

中工国际是一家建筑业公司，有两大投资亮点，一是独特模式成就超越投行的盈利能力。即工程服务商，而非工程承包商，公司愿景为"做国际知名工程服务商"。二是五方面核心优势汇集于具有公司特色的项目管理平台。公司将五方面竞争优势汇集于项目管理平台，政府支持提供了项目源，高素质人才是项目管理的执行者，产业链整合、

融资与风控是项目管理的执行内容，五方面相得益彰，构建起符合公司特色的项目管理平台，保障了"国际工程服务商"经营模式的实施，构建了公司的核心竞争力。从派息方面来看，5 年平均股息率为 1.3%，并具有一定的股本送转能力，其股价涨势强劲，涨跌规律明显，在建筑行业中是一家很优秀的公司，它仍具有很大的发展潜力。

7. 证券

表 8-8　中信证券（600030）

分红年度	分红派息	派息股价（元）	每股收益（元）	重点提示
2009 年 12 月 31 日	向全体股东 10 派人民币 5.0 元（税后 4.5 元）转增 5 股	20.86 股息率 2.39%	1.35	股权登记日：2010 年 6 月 23 日 股息到账日：2010 年 6 月 29 日
2008 年 12 月 31 日	向全体股东 10 派人民币 5.0 元（税后 4.5 元）	28.2 股息率 1.77%	1.1	股权登记日：2009 年 6 月 10 日 股息到账日：2009 年 6 月 17 日
2007 年 12 月 31 日	向全体股东 10 派人民币 5.0 元（税后 4.5 元）转增 10 股	58.92 股息率 0.84%	4.01	股权登记日：2008 年 4 月 23 日 股息到账日：2008 年 4 月 30 日
2006 月 12 月 31 日	向全体股东 10 派人民币 2.0 元（税后 1.8 元）转增 5 股	58.66 股息率 0.34%		股权登记日：2007 年 5 月 18 日 股息到账日：2007 年 5 月 28 日
5 年平均股息率：1.068%，5 年累计股息率：5.34%（2010 年没有派息，4 年实际年均派息率为 1.335%）				

8. 有色金属

表 8-9　中金黄金（600489）

分红年度	分红派息	派息股价（元）	每股收益（元）	重点提示
2010 年 12月 31 日	向全体股东 10 派人民币 1.00 元（含税）转增 3 股	37.72 股息率 0.26%		预案公布日期：2011 年 3 月 23 日
2009 年 12月 31 日	向全体股东 10 派人民币 1.5 元（税后 1.35元）转增 8 股	47.98 股息率 0.31%	0.66	股权登记日：2010 年 7 月 9股息到账日：2010 年 7 月 15 日
2008 年 12月 31 日	向全体股东 10 派人民币 2.00 元（税后 1.8元）转增 12 股	93.3 股息率 0.21%	1.35	股权登记日：2009 年 6 月 4股息到账日：2009 年 6 月 10 日
2007 年 12月 31 日	向全体股东 10 派人民币 4.2 元（税后 3.78元）	50.31 股息率0.83%		股权登记日：2008 年 7 月 4股息到账日：2008 年 7 月 10 日
2006 年 12月 31 日	向全体股东 10 派人民币 2.8 元（税后 2.52元）	56.93 股息率0.49%		股权登记日：2007 年 7 月 12股息到账日：2007 年 7 月 18 日
5 年平均股息率：0.42%，5 年累计股息率：2.1%				

　　如表 8-8 所示，中信证券是国内最大的证券公司，曾在 2006 年、2007 年行情中有过惊人的涨幅，但在随后的行情中表现的非常低迷。目前，总股本是 99.457 亿，并已进入全流通，可以说中信证券已开始步入稳健发展，那种大起大落的行情也不可能再出现，股本送转机会将会越来越小。从现金分红上来说，其表现不如其他证券公司。

　　中金黄金，5 年平均股息率只有 0.42%，但是，它却表现了很强的股本扩张能力，股价涨幅也很强势。不过，随着股本的增大，最近股价表现不佳，股本送转机会变得很小，可以说中金黄金也已过了最佳的强劲上涨时期。

通过以上分析可以看出，分红派息最好的是金融服务行业的银行业。例如，工商银行最近 3 年平均股息率是 3.757%，达到 3 年定存利率水平。一般分红派息高的企业具有超大流通盘，没有股本送转，股价涨幅小等特点。企业较高的现金分红可以增加投资者的现金流，以便用于股票再投资。

目前，高股息率股票主要分布在金融服务、交通运输和公用事业这三个行业。股息率，可作为低迷市选股的重要标准之一，也就是说，在低迷的股市中，超过定期存款利率的股息率，对投资者是具备相当吸引力的。在选择高股息率公司时，投资者要注意以下两点：

一是派现持续性显著，尤其是连续三年派现的公司。像潞安环能（601699）、张裕 A（000869）等多家公司已持续四年以上进行现金分红；二是股票多数属于稳定增长型，这些股票一般企业规模较大，主要通过支付较高的股息回报投资者，像中国银行（601988）、工商银行（601398）等。

从海外市场看，股息率的高低往往成为衡量一家上市公司，是否具有真实高回报的最重要指标。例如，在彼得·林奇的投资组合中，其中有一类值得投资的公司，即稳定缓慢增长型公司。而稳定缓慢增长型公司，往往是那些具有较高股息率的公司，从每年的分红方案看，这类公司通常会给投资者以稳定而较高的股息。

习题

1. 我们为什么要分析企业的分红派息，它对投资现金流有什么意义？

2．高股息率在哪个行业整体最好，它有什么样的特点？

3．什么是贵族股票，它的特点是什么？

4．投资者从表8-8和表8-9中，有哪些值得思考的问题？结合公司其他信息进行讲解。

5．在对高股息率公司进行选择时，投资者应注意哪些要点？

第三节 证券发行与交易制度

在从事证券投资事业的过程中，投资者在分享财富收益的同时，也要规范自己的交易行为，充分认识证券投资交易的从事规则，遵守国家政策及其法律法规的相关规定，有效保护投资者自身的合法权益，使财富在法律框架下持续性增长。投资者必须掌握证券发行的行业规则和交易制度，这样不仅有助于从事证券投资，而且还可以维护经济秩序，促进市场更好更快的发展。

一、证券发行法律法规

1. 公开发行证券

《证券法》第十条规定，公开发行证券，必须符合法律、行政法规规定的条件，并依法报经国务院证券监督管理机构或者国务院授权的部门核准；未经依法核准，任何单位和个人不得公开发行证券。

有下列情形之一的，为公开发行：

（一）向不特定对象发行证券的；

（二）向特定对象发行证券累计超过二百人的；

（三）法律、行政法规规定的其他发行行为。

非公开发行证券，不得采用广告、公开劝诱和变相公开方式。

第十一条　发行人申请公开发行股票、可转换为股票的公司债券，依法采取承销方式的，或者公开发行法律、行政法规规定实行保荐制度[1]的其他证券的，应当聘请具有保荐资格的机构担任保荐人。

保荐人应当遵守业务规则和行业规范，诚实守信，勤勉尽责，对发行人的申请文件和信息披露资料进行审慎核查，督导发行人规范运作。

保荐人的资格及其管理办法由国务院证券监督管理机构规定。

第十二条 设立股份有限公司公开发行股票，应当符合《中华人民共和国公司法》规定的条件和经国务院批准的国务院证券监督管理机构规定的其他条件，向国务院证券监督管理机构报送募股申请和下列文件：

（一）公司章程；

（二）发起人协议；

（三）发起人姓名或者名称，发起人认购的股份数、出资种类及验资证明；

（四）招股说明书；

（五）代收股款银行的名称及地址；

（六）承销机构名称及有关的协议。

依照本法规定聘请保荐人的，还应当报送保荐人出具的发行保荐书。

法律、行政法规规定设立公司必须报经批准的，还应当提交相应的批准文件。

---

[1] 2008年10月17日，中国证监会发布了《证券发行上市保荐业务管理规定》，要求发行人就下列事项聘请具有保荐机构资格的证券公司履行保荐职责，首次公开发行股票并上市、上市公司发行新股、可转换公司债券及证监会认定的其他事情。证券公司从事证券发行上市保荐业务，应依照规定向中国证监会申请保荐机构资格。保荐机构履行保荐职责，应当指定依照规定取得保荐代表资格的个人具体负责保荐工作。——证券法（修正）中主席令【2005】第43号

第十三条　公司公开发行新股，应当符合下列条件：

（一）具备健全且运行良好的组织机构；

（二）具有持续盈利能力，财务状况良好；

（三）最近三年财务会计文件无虚假记载，无其他重大违法行为；

（四）经国务院批准的国务院证券监督管理机构规定的其他条件。

上市公司非公开发行新股，应当符合经国务院批准的国务院证券监督管理机构规定的条件，并报国务院证券监督管理机构核准。

第十四条　公司公开发行新股，应当向国务院证券监督管理机构报送募股申请和下列文件：

（一）公司营业执照；

（二）公司章程；

（三）股东大会决议；

（四）招股说明书；

（五）财务会计报告；

（六）代收股款银行的名称及地址；

（七）承销机构名称及有关的协议。

依照本法规定聘请保荐人的，还应当报送保荐人出具的发行保荐书。

第十五条　公司对公开发行股票所募集资金，必须按照招股说明书所列资金用途使用。改变招股说明书所列资金用途，必须经股东大会作出决议。擅自改变用途而未作纠正的，或者为经股东大会认可的，不得公开发行新股。

2. 公开发行债券

第十六条　公开发行公司债券，应当符合下列条件：

（一）股份有限公司的净资产不低于人民币三千万元，有限责任公司的净资产不低于人民币六千万元；

（二）累计债券余额不超过公司净资产的百分之四十；

（三）最近三年平均可分配利润足以支付公司债券一年的利息；

（四）筹集的资金投向符合国家产业政策；

（五）债券的利率不超过国务院限定的利率水平；

（六）国务院规定的其他条件。

公开发行公司债券筹集资金，必须用于核准的用途，不得用于弥补亏损和非生产性支出。

上市公司发行可转换为股票的公司债券，除应当符合第一款规定的条件外，还应当符合本法关于公开发行股票的条件，并报国务院证券监督管理机构核准。

第十七条　申请公开发行公司债券，应当向国务院授权的部门或者国务院证券监督管理机构报送下列文件：

（一）公司营业执照；

（二）公司章程；

（三）公司债券募集办法；

（四）资产评估报告和验资报告；

（五）国务院授权的部门或者国务院证券监督管理机构规定的其他文件。

依照本法规定聘请保荐人的，还应当报送保荐人出具的发行保荐书。

第十八条　有下列情形之一的，不得再次公开发行公司债券：

（一）前一次公开发行的公司债券尚未募足；

（二）对已公开发行的公司证券或者其他债务有违约或者延迟支付本息的事实，仍处于继续状态；

（三）违反本法规定，改变公开发行公司债券所募资金的用途。

3．发行申请与审核

第十九条　发行人依法申请核准发行证券所报送的申请文件的格式、报送方式，由依法负责核准的机构或者部门规定。

第二十条　发行人向国务院证券监督管理机构或者国务院授权的部门报送的证券发行申请文件，必须真实、准确、完整。

为证券发行出具有关文件的证券服务机构和人员，必须严格履行法定职责，保证其所出具文件的真实性、准确性和完整性。

第二十一条　发行人申请首次公开发行股票的，在提交申请文件后，应当按照国务院证券监督管理机构的规定预先披露有关申请文件。

第二十二条　国务院证券监督管理机构设发行审核委员会，依法审核股票发行申请。

发行审核委员会由国务院证券监督管理机构的专业人员和所聘请的该机构外的有关专家组成，以投票方式对股票发行申请进行表决，提出审核意见。

发行审核委员会的具体组成办法、组成人员任期、工作程序，由国务院证券监督管理机构规定。

第二十三条　国务院证券监督管理机构依照法定条件负责核准股票发行申请。核准程序应当公开，依法接受监督。

参与审核和核准股票发行申请的人员，不得与发行申请人有利害关系，不得直接或者间接接受发行申请人的馈赠，不得持有所核准的发行申请的股票，不得私下与发行申请人进行接触。

国务院授权的部门对公司债券发行申请的核准，参照前两款的规定执行。

第二十四条　国务院证券监督管理机构或者国务院授权的部门应当自受理证券发行申请文件之日起三个月内，依照法定条件和法定程序作出予以核准或者不予核准的决定，发行人根据要求补充、修改发行申请文件的时间不计在内；不予核准的，应当说明理由。

第二十五条　证券发行申请经核准，发行人应当依照法律、行政法规的规定，在证券公开发行前，公告公开发行募集文件，并将该文件备置于指定所供公众查阅。

发行证券的信息依法公开前，任何知情人不得公开或者泄露该信息。

发行人不得在公告公开发行募集文件前发行证券。

第二十六条　国务院证券监督管理机构或者国务院授权的部门对已作出的核准证券发行的决定，发现不符合法定条件或者法定程序，尚未发行证券的，应当予以撤销，停止发行。已经发行尚未上市的，撤销发行核准决定，发行人应当按照发行价并加算银行同期存款利息返还证券持有人；保荐人应当与发行人承担连带责任，但是能够证明自己没有过错的除外；发行人的控股股东、实际控制人有过错的，应当与发行人承担连带责任。

第二十七条　股票依法发行后，发行人经营与收益的变化，由发行人自行负责；由此变化引致的投资风险，由投资者自行负责。

4.　证券承销

第二十八条　发行人向不特定对象发行的证券，法律、行政法规规定应当由证券公司承销的，发行人应当同证券公司签订承销协议。证券承销业务采取代销或者包销方式。

证券代销是指证券公司代发行人发售证券，在承销期结束时，将未售出的证券全部退还给发行人的承销方式。

证券包销是指证券公司将发行人的证券按照协议全部购入或者在承销期结束时将售后剩余证券全部自行购入的承销方式。

第二十九条　公开发行证券的发行人有权依法自主选择承销的证券公司。证券公司不得以不正当竞争手段招揽证券承销业务。

第三十条　证券公司承销证券，应当同发行人签订代销或者包销协议，载明下列事项：

（一）当事人的名称、住所及法定代表人姓名；

（二）代销、包销证券的种类、数量、金额及发行价格；

（三）代销、包销的期限即起止日期；

（四）代销、包销的付款方式及日期；

（五）代销、包销的费用和结算办法；

（六）违约责任；

（七）国务院证券监督管理机构规定的其他事项。

第三十一条　证券公司承销证券，应当对公开发行募集文件的真实性、准确性、完整性进行核查；发现有虚假记载、误导性陈述或者重大遗漏的，不得进行销售活动；已经销售的，必须立即停止销售活动，并采取纠正措施。

第三十二条　向不特定对象发行的证券票面总值超过人民币五千万元的，应当由承销团承销。承销团应当由主承销和参与承销的证券公司组成。

第三十三条　证券的代销、包销期限最长不得超过九十日。

证券公司在代销、包销期内，对所代销、包销的证券应当保证先行出售给认购人，证券公司不得为本公司预留所代销的证券和预先购入并留存所包销的证券。

第三十四条　股票发行采取溢价发行的，其发行价格由发行人与承销的证券公司协商确定。

第三十五条　股票发行采用代销方式，代销期限届满，向投资者出售的股票数量未达到拟公开发行股票数量百分之七十的，为发行失败。发行人应当按照发行价并加算银行同期存款利息返还股票认购人。

第三十六条　公开发行股票，代销、包销期限届满，发行人应当在规定的期限内将股票发行情况报国务院证券监督管理机构备案。

二、证券交易法律制度

1．一般规定

第三十七条　证券交易当事人依法买卖的证券，必须是依法发行并交付的证券。

非依法发行的证券，不得买卖。

第三十八条　依法发行的股票、公司债券及其他证券，法律对其转让期限有限制性规定的，在限定的期限内不得买卖。

第三十九条　依法公开发行的股票、公司债券及其他证券，应当在依法设立的证券交易所上市交易或者在国务院批准的其他证券交易场所转让。

第四十条　证券在证券交易所上市交易，应当采用公开的集中交易方式或者国务院证券监督管理机构批准的其他方式。

第四十一条　证券交易当事人买卖的证券可以采用纸面形式或者国务院证券监督管理机构规定的其他形式。

第四十二条　证券交易以现货和国务院规定的其他方式进行交易。

第四十三条　证券交易所、证券公司和证券登记结算机构的从业人员、证券监督管理机构的工作人员以及法律、行政法规禁制参与股票交易的其他人员，在任期或者法定限期内，不得直接或者以化名、借他人名义持有、买卖股票，也不得收受他人赠送的股票。

任何人在成为前款所列人员时，其原已持有的股票，必须依法转让。

第四十四条　证券交易所、证券公司和证券登记结算机构必须依法为客户开立的账户保密。

第四十五条　为股票发行出具审计报告、资产评估报告或者法律意见书等文件的证券服务机构和人员，在该股票承销期内和期满后六个月，不得买卖该种股票。

除前款规定外，为上市公司出具审计报告、资产评估报告或者法律意见书等文件的证券服务机构和人员，自接受上市公司委托之日起至上述文件公开后五日内，不得买卖该种股票。

第四十六条　证券交易的收费必须合理，并公开收费项目、收费标准和收费办法。

证券交易的收费项目、收费标准和管理办法由国务院有关主管部门统一规定。

第四十七条　上市公司董事、监事、高级管理人员、持有上市公司股份百分之五以上的股东，将其持有的该公司的股票在买入后六个月内卖出，或者在卖出后六个月内又买入，由此所得收益归该公司所有，公司董事会应当收回其所得收益。但是，证券公司因包销购入售后剩余股票而持有百分之五以上股份的，卖出该股票不受六个月时间限制。

公司董事会不按照前款规定执行的，股东有权要求董事会在三十日内执行。公司董事会未在上述期限内执行的，股东有权为了公司的利益以自己的名义直接向人民法院提起诉讼。

公司董事会不按照第一款规定执行的，负有责任的董事依法承担连带责任。

2．证券上市

2.1．股票上市

第四十八条　申请证券上市交易，应当向证券交易所提出申请，由证券交易所依法审核同意，并由双方签订上市协议。

证券交易所根据国务院授权的部门的决定安排政府债券上市交易。

第四十九条　申请股票、可转换为股票的公司债券或者法律、行政法规规定实行保荐制度的其他证券上市交易，应当聘请具有保荐资格的机构担任保荐人，本法第十一条第二款、第三款的规定适用于上市保荐人。

第五十条　股份有限公司申请股票上市，应当符合下列条件：

（一）股票经国务院证券监督管理机构核准已公开发行；

（二）公司股本总额不少于人民币三千万元；

（三）公开发行的股份达到公司股份总数的百分之二十五以上；公司股本总额超过人民币四亿元的，公开发行股份的比例为百分之十以上；

（四）公司最近三年无重大违法行为，财务会计报告无虚假记载。

证券交易所可以规定高于前款规定的上市条件，并报国务院证券监督管理机构批准。

第五十一条　国家鼓励符合产业政策并符合上市条件的公司股票上市交易。

第五十二条　申请股票上市交易，应当向证券交易所报送下列文件：

（一）上市报告书；

（二）申请股票上市的股东大会决议；

（三）公司章程；

（四）公司营业执照；

（五）依法经会计师事务所审计的公司最近三年的财务会计报告；

（六）法律意见书和上市保荐书；

（七）最近一次的招股说明书；

（八）证券交易所上市规则规定的其他文件。

第五十三条 股票上市交易申请经证券交易所审核同意后，签订上市协议的公司应当在规定的期限内公告股票上市的有关文件，并将该文件置备于指定的场所供公众查阅。

第五十四条 签订上市协议的公司除公告前条规定的文件外，还应当公告下列事项：

（一）股票获准在证券交易所交易的日期；

（二）持有公司股份最多的前十名股东的名单和持股数额；

（三）公司的实际控制人；

（四）董事、监事、高级管理人员的姓名及其持有公司股票的债券的情况。

2.2. 股票暂停、终止上市

第五十五条 上市公司有下列情形之一的，由证券交易所决定暂停其股票上市交易：

（一）公司股本总额、股权分布等发生变化不再具备上市条件；

（二）公司不按照规定公开其财务状况，或者对财务会计报告作虚假记载，可能误导投资者；

（三）公司有重大违规行为；

（四）公司最近三年连续亏损；

（五）证券交易所上市规则规定的其他情形。

第五十六条　上市公司有下列情形之一的，由证券交易所决定终止其股票上市交易：

（一）公司股本总额、股权分布等发生变化不再具备上市条件，在证券交易所规定的期限内仍不能达到上市条件；

（二）公司不按照规定公开其财务状况，或者对财务会计报告作虚假记载，且拒绝纠正；

（三）公司最近三年连续亏损，在其后一个年度内未能恢复盈利；

（四）公司解散或者被宣告破产；

（五）证券交易所上市规则规定的其他情形。

2.3．债券上市

第五十七条　公司申请债券上市交易，应当符合下列条件：

（一）公司债券的期限为一年以上；

（二）公司债券实际发行额不少于人民币五千万元；

（三）公司申请债券上市时仍符合法定的公司债券发行条件。

第五十八条　申请公司债券上市交易，应当向证券交易所报告下列文件：

（一）上市报告书；

（二）申请公司债券上市的董事会决议；

（三）公司章程；

（四）公司营业执照；

（五）公司债券募集办法；

（六）公司债券的实际发行额；

（七）证券交易所上市规则规定的其他文件。

申请可转换为股票的公司债券上市交易，还应当报送保荐人出具的上市保荐书。

第五十九条　公司债券上市交易申请经证券交易所审核同意后，签订上市协议的公司应当在规定的期限内公告公司债券上市文件及有关文件，并将该申请文件置备于指定场所供公众查阅。

2.4. 债券暂停、终止上市

第六十条　公司债券上市交易后，公司有下列情形之一的，由证券交易所决定暂停其公司债券上市交易：

（一）公司有重大违法行为；

（二）公司情况发生重大变化不符合公司债券上市条件；

（三）发行公司债券所募集的资金不按照核准的用途使用；

（四）未按照公司债券募集办法履行义务；

（五）公司最近两年连续亏损。

第六十一条　公司有前条第（一）项、第（四）项所列情形之一经查实后果严重的，或者有前条第（二）项、第（三）项、第（五）项所列情形之一，在限期内未能消除的，由证券交易所决定终止其公司债券上市交易。

公司解散或者被宣告破产的，由证券交易所终止其公司债券上市交易。

第六十二条　对证券交易所作出的不予上市、暂停上市、终止上市决定不服的，可以向证券交易所设立的复核机构申请复核。

3. 持续信息公开

第六十三条　发行人、上市公司依法披露的信息，必须真实、准确、完整，不得有虚假记载、误导性陈述或者重大遗漏。

第六十四条　经国务院证券监督管理机构核准依法公开发行股票，或者经国务院授权的部门核准依法公开发行公司债券，应当公告招股说明书、公司债券募集办法。依法公开发行新股或者公司债券的，还应当公开财务会计报告。

第六十五条　上市公司和公司债券上市交易的公司，应当在每一会计年度的上半年结束之日起两个月内，向经国务院证券监督管理机构和证券交易所报送记载以下内容的中期报告，并予公告：

（一）公司财务会计报告和经营情况；

（二）涉及公司的最大诉讼事项；

（三）已发行的股票、公司债券变动情况；

（四）提交股东大会审议的重要事项；

（五）经国务院证券监督管理机构规定的其他事项。

第六十六条　上市公司和公司债券上市交易的公司，应当在每一会计年度结束之日起四个月内，向经国务院证券监督管理机构和证券交易所报送记载以下内容的年度报告，并予公告：

（一）公司概况；

（二）公司财务会计报告和经营情况；

（三）董事、监事、国际管理人员介绍及其持股情况；

（四）已发行的股票、公司债券情况，包括持有公司股份最多的前十名股东的名单和持股数额；

（五）公司的实际控制人；

（六）经国务院证券监督管理机构规定的其他事项。

第六十七条　发生可能对上市公司股票交易价格产生较大影响的

最大事件，投资者尚未得知时，上市公司应当立即将有关最大事件的情况向经国务院证券监督管理机构和证券交易所报送临时报告，并予公告，说明事件的起因、目前的状态和可能产生的法律后果。

下列情况为前款所称最大事件：

（一）公司的经营方针和经营范围的最大变化；

（二）公司的最大投资行为和最大的购置财产的决定；

（三）公司订立重要合同，可能对公司的资产、负债、权益和经营成果产生重要影响；

（四）公司发生最大债务和未能清偿到期最大债务的违约情况；

（五）公司发生最大亏损或者最大损失；

（六）公司生产经营的外部条件发生的最大变化；

（七）公司的董事、三分之一以上监事或者经理发生变动；

（八）持有公司百分之五以上股份的股东或者实际控制人，其持有股份或者控制公司的情况发生较大变化；

（九）公司减资、合并、分立、解散及申请破产的决定；

（十）涉及公司的最大诉讼，股东大会、董事会决议被依法撤销或者宣告无效；

（十一）公司涉嫌犯罪被司法机关立案调查，公司董事、监事、高级管理人员涉嫌犯罪被司法机关采取强制措施；

（十二）经国务院证券监督管理机构规定的其他事项。

第六十八条　上市公司董事、高级管理人员应当对公司定期报告签署书面确认意见。

上市公司监事会应当对董事会编制的公司定期报告进行审核并提出书面审核意见。

上市公司董事、监事、高级管理人员应当保证上市公司所披露的信息真实、准确、完整。

第六十九条　发行人、上市公司公告的招股说明书、公司债券募集办法、财务会计报告、上市报告文件、年度报告、中期报告、临时报告以及其他信息披露资料，有虚假记载、误导性陈述或者重大遗漏，致使投资者在证券交易中遭受损失的，发行人、上市公司应当承担赔偿责任；发行人、上市公司的董事、监事、高级管理人员和其他直接责任人员以及保荐人、承销的证券公司，应当与发行人、上市公司承担连带赔偿责任，但是能够证明自己没有过错的除外；发行人、上市公司的控股股东、实际控制人有过错的，应当与发行人、上市公司承担连带赔偿责任。

第七十条　依法必须披露的信息，应当在国务院证券监督管理机构指定的媒体发布，同时将其置备于公司住所、证券交易所，供社会公众查阅。

第七十一条　国务院证券监督管理机构对上市公司年度报告、中期报告、临时报告以及公告的情况进行监督，对上市公司分派或者配售新股的情况进行监督，对上市公司控股股东和信息披露义务人的行为进行监督。

证券监督管理机构、证券交易所、保荐人、承销的证券公司及有关人员，对公司依照法律、行政法规必须作出的公告，在公告前不得泄露其内容。

第七十二条　证券交易所决定暂停或者终止证券上市交易的，应当及时公告，并报国务院证券监督管理机构备案。

4．禁止的交易行为

第七十三条　禁止证券交易内幕信息的知情人和非法获取内幕信

息的人利用内幕信息从事证券交易活动。

第七十四条　证券交易内幕信息的知情人包括：

（一）发行人的董事、监事、高级管理人员；

（二）持有公司百分之五以上股份的股东及其董事、监事、高级管理人员，公司的实际控制人及其董事、监事、高级管理人员；

（三）发行人控股的公司及其董事、监事、高级管理人员；

（四）由于所任公司职务可以获取公司有关内幕信息的人员；

（五）证券监督管理机构工作人员以及由于法定职责对证券的发行、交易进行管理的其他人员；

（六）保荐人、承销的证券公司、证券交易所、证券登记结算机构、证券服务机构的有关人员；

（七）国务院证券监督管理机构规定的其他人。

第七十五条　证券交易活动中，涉及公司的经营、财务或者对该公司证券的市场价格有重大影响的尚未公开的信息，为内幕信息。

下列信息皆属内幕信息：

（一）本法第六十七条第二款所列重大事件；

（二）公司分配股利或者增资的计划；

（三）公司股权结构的重大变化；

（四）公司债务担保的重大变更；

（五）公司营业用主要资产的抵押、出售或者报废一次超过该资产的百分之三十；

（六）公司的董事、监事、高级管理人员的行为可能依法承担重大损害赔偿责任；

（七）上市公司收购的有关方案；

（八）国务院证券监督管理机构认定的对证券交易价格有显著影响的其他重要信息。

第七十六条　证券交易内幕信息的知情人和非法获取内幕信息的人，在内幕信息公开前，不得买卖该公司的证券，或者泄露该信息，或者建议他人买卖该证券。

持有或者通过协议、其他安排与他人共同持有公司百分之五以上股份的自然人、法人、其他组织收购上市公司的股份，本法另有规定的，适用其规定。

内幕交易行为给投资者造成损失的，行为人应当依法承担赔偿责任。

第七十七条　禁止任何人以下列手段操纵证券市场：

（一）单独或者通过合谋，集中资金优势、持股优势或者利用信息优势联合或者连续买卖，操纵证券交易价格或者证券交易量；

（二）与他人串通，以事先约定的时间、价格和方式相互进行证券交易，影响证券交易价格或者证券交易量；

（三）在自己实际控制的账户之间进行证券交易，影响证券交易价格或者证券交易量；

（四）以其他手段操纵证券市场。

操纵证券市场行为给投资者造成损失的，行为人应当依法承担赔偿责任。

第七十八条　禁止国家工作人员、传播媒介从业人员和有关人员编造、传播虚假信息，扰乱证券市场。

禁止证券交易所、证券公司、证券登记结算机构、证券服务机构及其从业人员，证券业协会、证券监督管理机构及其工作人员，在证券交易活动中作出虚假陈述或者信息误导。

各种传播媒介传播证券市场信息必须真实、客观，禁止误导。

第七十九条　禁止证券公司及其从业人员从事下列损害客户利益的欺诈行为：

（一）违背客户的委托为其买卖证券；

（二）不在规定时间内向客户提供交易的书面确认件；

（三）挪用客户所委托买卖的证券或者客户账户上的资金；

（四）未经客户的委托，擅自为客户买卖证券，或者假借客户的名义买卖证券；

（五）为牟取佣金收入，诱使客户进行不必要的证券买卖；

（六）利用传播媒介或者通过其他方式提供、传播虚假或者误导投资者的信息；

（七）其他违背客户真实意思表示，损害客户利益的行为。

第八十条　禁止法人非法利用他人账户从事证券交易；禁止法人出借自己或者他人的证券账户。

第八十一条　依法拓宽资金入市渠道，禁止资金违规流入股市。

第八十二条　禁止任何人挪用公款买卖证券。

第八十三条　国有企业和国有资产控股的企业上市交易的股票，必须遵守国家有关规定。

第八十四条　证券交易所、证券公司、证券登记结算机构、证券服务机构及其从业人员对证券交易中发现的禁止的交易行为，应当及时向证券监督管理机构报告。

以上从证券发行、证券交易两个方面，对其法律、法规的相关规定进行了讲解，投资者要认真学习，深刻领会，在实际投资运营中，做一名懂法守法投资者，并合法合规经营操作，切实维护自身合法权益。同时，为维护市场经济秩序，提高投资者整体素质，促进金融市场平稳较快发展做出贡献。

习题

1．公开发行股票和债券的条件各是什么？

2．证券承销方式有哪两种，其承销协议内容包括哪些？

3．股票上市的条件及股票暂停、终止上市的情形是什么？

4．债券上市的条件及债券暂停、终止上市的情形是什么？

5．信息披露的最大事件包括哪些内容？

6．交易内幕信息的知情包括哪些，内幕信息的内容是什么？

第四节　资本运营与公司并购

在现代商业社会，任何企业的发展壮大都是离不开资本运营的。而在一个成熟的市场国家，资本运营又是离不开资本市场的。因此，证券投资与资本运营有着天然的联系。在我国，无论是证券投资还是资本运营，都是随着我国资本市场的发展而逐渐发展、壮大起来的。本节将主要从贯穿资本运营整个过程的公司并购进行论述分析。

一、兼并与收购

（一）公司并购的分类

从广义上来说，兼并与收购是公司重组的一种。公司重组涉及企业产权的变动、交易，包括扩张、收缩、公司控制和所有权结构变更等多种形式，每种类型的活动都有其侧重点。公司并购的类型，可依据不同的类型加以分类。

根据法律对上市公司并购操作的监管要求，上市公司股权转让的方式可划分为协议收购和要约收购。

1. 协议收购

协议收购是指收购公司与目标公司的董事会或管理层进行磋商、谈判，双方达成协议，并按照协议所规定的收购条件、收购价格、期限以及其他规定事项，收购目标公司股份的收购方式。协议收购的法定形式是协议，收购公司必须事先与目标公司达成股权转让协议的书面协议。因此，协议收购通常为善意收购，这种收购方式所涉及的股权转让多为场外转让。

2．要约收购

要约收购是指收购公司以书面形式向目标公司的管理层和股东发出收购该公司股份的要约，并按照依法公告的收购要约中所规定的收购条件、收购价格、收购期限以及其他规定事项，收购目标公司股份的收购方式。要约收购不需要事先征得目标公司管理层的同意。这里的"要约"是指收购目标公司的股东发出购买其持有的该公司股票的意思表示，通常要求采用书面形式。

按照国际上的通行做法，当进行收购的投资者通过证券交易所的证券交易，持有一个上市公司的股份达到法定数额，必须依法向该公司其余所有股东发出公开购买其持有股票的要约。

按照并购双方的业务范围和所处行业进行划分，可以分为横向兼并、纵向兼并和混合兼并。

1．横向兼并

横向兼并是指同行业或从事同类业务活动的两个公司的合并。比如，两家汽车公司或是石油公司之间的兼并。横向兼并可以形成更大规模的经济实体，一般都能从规模经济中获益。

2．纵向兼并

纵向兼并是指从事相关行业或某一项生产活动，但处于生产经营不同阶段的企业之间的兼并。比如，石油行业中的生产活动分为勘探开采、炼制等环节将产品销售给最终消费者。在制药行业中，则可以划分为新药的研制、药品生产、通过零售药店将药品推销出去等活动。这些处于生产经营不同阶段的企业之间的兼并即为纵向兼并。纵向兼并使得企业的生产经营活动纵向一体化，有利于降低企业成本，提高效益。

3. 混合兼并

混合兼并是指从事不相关业务类型经营活动的企业之间的兼并。它又可以分为产品扩张型兼并、地域市场扩张型兼并和纯粹混合兼并。

其他并购分类。

1. 现金收购、换股收购和混合支付收购

2. 收购股权和收购资产

3. 善意收购和敌意收购

4. 承担债务式收购、托管式收购、破产式收购

（二）公司并购的动因

兼并与收购作为企业的一种市场行为，它可以加速企业资本集中，有助于企业谋求更大的经济利益。从单个企业兼并来看，其具体动机又表现出不同的形式，而且大多数兼并与收购的动因不仅限于某一个因素，而是由诸多因素综合作用的结果。兼并与收购的动因主要分为以下四种：

1. 谋求协同效应（协同效应是指两个公司兼并后，其总体效益大于两个独立公司效益之和，也就是 1+1>2 的效应）

2. 提高市场占有率

3. 实现多元化经营

4. 管理层利益驱动

（三）公司的估值定价

对企业（目标公司）的估值定价，是并购交易的重要内容。一般来说，对并购的估值定价需要采用定量分析与定性分析相结合，以定量分析为主的方法。定量分析是建立在财务理论和技术方法的基础上，采用一定的数量评价技术或定量模型对企业价值进行评估定价。定性

分析是对影响企业价值的非数量因素进行分析，它要求定价人员根据收购方的并购动机和并购交易的特定背景对目标公司的价值进行评价以修正价格。定性分析有赖于评估人员的经验和判断能力（洞察力）。因此，对并购的估值定价是一门科学，又是一门艺术。

1. 对企业估值定价的技术方法

对企业估值定价有多种方法或定量模型，但是，每一种估价方法都是侧重从某个独特的角度来反映企业价值，根据一定的假设和不同标准作出的评估。每一种估价方法各有其特定的适用条件，都具有长处和不足。因此，并不存在一种总是广泛有效的或者完美无缺的估价方法。实践中，许多投资银行专业人员和评估师主张应该尝试适用不同的方法，将多种价值评估的定量模型结合适用，以便对评估价值进行比较，检验其合理性。下面将从五个方面简要介绍较为常用的定量模型或方法的基本原理。

1.1. 现金流量折现分析法

在对企业估值定价的技术方法中，现金流量折现分析法（DCF）多被认为是在理论上最为科学、最为严密的方法，因为企业的经济活动就表现为现金流的流入和流出。用现金流量折现分析法来为并购估值定价，就是通过将估测并购后增加的现金流量，即并购所产生的现金流入量与为并购所支付的现金流出量相抵后的净现金流量，运用一个适当的折现率计算出净现值，以此作为对目标公司支付收购价格的依据。

以现金流量折现分析法为并购估值定价，有两个方面的因素是起决定性作用的。一是要能准确地估测并购后增加的现金流量，二是对折现率的选择。折现率是反映投资风险的回报率，确定适当的折现率通常有以下四种方法：

（1）选择收购方现在的加权平均资本成本作为基准折现率；

（2）选择收购方历史上的资产收益率经适当调整作为基准折现率；

（3）利用当前对未来预期利率的估计经适当调整作为基准折现率；

（4）利用对类似公司的加权平均资本成本（根据公开数据）的估计作为基准折现率。

在实践中，当收购目标为上市公司时，收购方支付的收购价格总是显著高于目标上市公司当前的市场价格，即通过支付溢价（溢价收购）来获得对该公司的控制权。

1.2. 相对比较估价法

并购估值定价的另一个常用方法，就是依据可比较企业的价值来确定被收购企业的价值。通过使用一些共同的变量，如销售收入、现金流量、账面价值等，计算一系列财务比率，借以对相同行业的企业进行估值比较。市盈率（P/E）、价格/销售收入比率（P/S）、价格/账面价值比率（P/BV）和价格/现金流量比率（P/CF）等，比率倍数都可用于对目标企业的估值。实践中，市盈率法是最常用的一种定价方法。

对于非上市公司而言，由于没有可计量的市场价值，评估人员可运用同行业可比公司的倍数（如市盈率）来进行评估。

1.3. 市场价值法

这种方法是基于有效市场理论的，即股票市场对每家上市公司的价值都在不断地进行评估，并将其结论用公司股票的最新价格表示出来，反映了市场对公司未来风险和收益的预期。因此，市场价值法认为上市公司当前的市场资本总量是并购定价的核心因素，将目标公司股票价格乘以所发行的股票数量，再以适当的升水[1]加以调整从而确定收购价格。

市场价值法一般适用于拥有相对流动性较强的股票上市公司的收购价格。但这一方法存在着不足之处，因为股票市场投资者与收购公司并不是以同样的财务角度来看待目标公司未来的经营。

1.4．合并的市场价值法

这种方法的核心是根据过去涉及的在公司规模、行业或市场地位、财务结构等方面与目标公司相似的并购交易所支付的价格，用来判断、评价目标公司的相对价值。这种评估方法的关键在于获得可用于比较的数据的质量和数量，但这种类比的方法存在很大的困难，因为实际上每次并购交易的情况都有其特殊性。

1.5．财产清理价值法

这种方法通过拍卖或清算出售目标公司的所有部门和实物资产可获得的价值作为估价的依据，再扣除公司的应付债务所得净收入来评估公司的价值。但这种估价方法只是从一个企业当前资产价格的角度来评估该公司的价值，忽视了企业运营各项资产的能力在未来所能获得的收益。

2．影响并购价格的非量化因素

对并购的估值定价，需要考虑并购交易的特定背景等非量化因素。影响并购价格的非量化因素可分为两大类，即宏观因素和并购交易双

---

[1]　升水是指远期汇率高于即期汇率。与贴水（贴水是指远期汇率低于即期汇率）对应。在通常情况下，银行报出的升贴水数只报两位或三位数。如果是两位数，即为小数点后第三和第四位，如果报三位数，即为小数点后第二、三和第四位。升贴水数的大小，两个数的排列次序也按升水或贴水而不同。在直接标价法下，小数在前，大数在后，即为升水；在间接标价法下，若是小数在后，大数在前，即为升水。金银币在销售时，其本金本银部分是按国际价为准确定的，而加工费和利润部分称为升水。

方的微观因素。宏观因素主要有：并购交易发生时所处的经济周期阶段、股票市场预期、行业门槛高低等。并购交易双方的微观因素又可划分为两个方面，即经营性因素和交易性或财务性因素。

经营性因素如市场地位和假定的协同效应等，往往与特定时期的特定企业相联系，较少有普遍性的影响。交易性或财务性因素主要有：收购方并购交易的动机、收购方完成并购交易的能力和融资能力、财务结构（包括收购对价形式）、交易双方的税收负担、资本成本、竞争对手的投标、目标公司的控制因素，以及收购时机选择、并购交易的风险情况等。

3. 收购对价形式

收购对价形式是指对被收购公司的收购价格采用的支付方式。对并购的目标公司采用何种支付工具，是并购交易中的一个重要问题。可供选择的收购支付工具包括现金、收购公司的股票、债务凭证以及这些工具的混合，其中以现金和普通股票最为流行。作为财务顾问，投资银行要根据并购交易的具体情况和并购计划的整体框架设计来帮助客户确定合适的支付工具。

二、反兼并与反收购

（一）资产和指标结构重组

资产和资本结构重组或调整是一种日益流行的反收购防御策略。它通过采取购买或出售资产、发售或回购有表决权的证券等一系列防御措施以修筑收购壁垒，减少目标公司对收购者的吸引力，或者使收购更加困难以驱退敌意收购者的袭击。常见的防御措施有以下四种。

1. 出售"皇冠上的明珠"

所谓"皇冠上的明珠"是指公司所拥有的最具盈利潜力的资产或

最有发展前景的业务部分或部门，如占有领先地位的高新技术、专利权、被市场严重低估价值的资产、市场占有率高的某项业务等。采取向第三者出售"皇冠上的明珠"的防御措施，将使敌意收购者获得这一资产的企图不能得逞。

2．收购其他公司

目标公司面临被收购的威胁，可采取收购其他公司的策略对敌意收购者设置障碍。具体做法有：一是购买一家与实际的或潜在的收购者，同行业的企业或收购者的竞争对手。这将为敌意收购者制造反垄断的问题，即目标公司遭到敌意收购时，可对袭击者进行反垄断诉讼；二是购买与敌意收购者业务范围无关的企业，或敌意收购者要避开的属于已调整行业的公司。这样，将提高收购者的收购成本，削弱对收购目标的积极性。

3．杠杆资本调整

这种防御策略的一般方法是：公司利用大量举借新债（如银行贷款或发行次级债券）获得的资金向外部股东一次性支付数额较大的现金红利（股息）；同时，对内部股东（董事股东、管理者）和公司员工按他们应领取的现金数额，悉数派发新股而不是付给现金红利。

4．股票回购和发售有表决权的证券

股票回购就是目标公司从现有的公众股东手里购回股票。发售有表决权的具体做法，一是可以通过私募方式向公司管理层或者与管理层有着友善关系的团体发售大宗新股，从而构造一个与公司管理者联盟的集团；二是向现有股东发售具有对收购企图设置障碍的特别条款的新证券。

（二）反收购（接管）条款修订

反收购条款修订主要是对公司经营控制权的转移施加新的条件，

以此阻击敌意收购者的接管。这些新的条款俗称"拒鲨"条款，是反并购中使用日益频繁的防御手段，通常也属于长期防御策略。具体的类型主要有以下三种。

1. 交错式董事会

交错式董事会也称为分类董事会，或轮回制董事会，这一条款规定实行董事任期交错，每次董事会的换届选举只能改选更新部分董事。例如，一个有9人组成的董事会可能会被分成三组，每年换届选举只能更换三名董事，每名董事任期三年。规定董事任期交错是为了保证公司经营政策的连续性，从反并购看，则是推迟公司控制权的实际转移。

为维持董事会对公司的控制权，有关的修订条款还有两种变化形式，一是严禁无故撤换董事，二是固定董事会人数以防董事会"拥挤"。

2. 绝大多数投票有效

绝大多数投票有效条款也称超级多数表决，即要求所有涉及公司控制权变动的交易必须获得压倒多数的表决通过，一般要求至少应该得到三分之二，甚至80%～90%的股东的赞成才能实行合并，这一条款无疑增加了收购者的收购难度。

3. "金降落伞"

"金降落伞"是指对目标公司高层行政管理人员很有利的合同。合同规定，即使公司被其他公司兼并，导致公司高层管理人员失去位置，它们仍然可以得到丰厚的收益，包括解职费、股票期权收入和额外津贴等。与"金降落伞"同出一辙的还有"银降落伞"，主要是向公司下面几级管理人员提供的稍微逊色的同类保护。

（三）"毒丸计划"

这种对策是指公司发行被接管时，可以兑换成收购方公司股票的证券，这种兑换能削弱收购方公司股票的影响，从而起到制止收购活动的目的。"毒丸"对策有不少具体的形式，例如，在西方国家反并购活动中的"优先股毒丸"是指公司以红利的形式发行优先股，而这种优先股在公司被收购时，可以兑换为收购公司的股票。

一般设置"毒丸"的目的，是使敌意收购成为非常昂贵的交易，迫使收购者因耗资巨大，而放弃接管目标公司控制权的企图。

（四）其他反收购策略

1．债务加速偿还

这是指在合并后公司债务即刻到期，即公司同银行等金融机构签署借款合同，规定当公司控制权变更时立即偿还所有债务。

2．绿色邮件

绿色邮件，或者绿函实际上是定向股份回购，指目标公司针对非善意的收购者已持有公司大宗股份，为避免继续收购和消除潜在的接管威胁，通过私下协商以高于现行市价的价格向该收购者购回所持有的股票。

3．邀请"白衣骑士"投标竞购

当目标公司遭遇敌意接管的威胁，而无自我防御能力或在其他防御措施未能奏效时，可以主动邀请"白衣骑士[1]"竞购投标以击退敌意收购者。

4．反收购

在这里是指作为兼并对象的目标公司，为挫败收购方的企图而采用的一种战略，即目标公司威胁要进行反收购，并开始收购对方公司

---

[1]　"白衣骑士"是指将遭受恶意收购的目标公司，为了避免受到不受欢迎的敌意收购方的控制，自己寻找与其具有良好关系的公司，以较高的报价来对付收购方的收购要约，拒敌于门外。

的普通股，以达到保卫自己的目的。

5. 交叉持股

交叉持股，是指两家关系密切、友好的公司相互交换各自的股份，借以构筑战略联盟关系。这样，当其中一家公司遭受敌意收购时，目标公司将获得作为战略联盟的另一方公司股东的支持，以挫败敌意收购的企图。

6. 法律诉讼

在多数情况下，目标公司管理层对收购者提起法律诉讼的动机，主要是为了争取更多的时间，以寻求其他有效的抵御接管的方法，从而维护管理层对公司的控制权。目标公司主要是控诉收购者违反竞争法，或者违反证券法关于收购信息披露等法律法规，要求对收购过程进行调查并作出处理。

三、剥离、分拆与分立

1. 资产剥离

剥离是指公司将其现有的某些子公司、部门、产品生产线、固定资产等出售给其他公司，并取得现金或有价证券的回报。剥离的动因主要有以下六个方面：

（1）改变公司的市场形象，提高公司股票的市场价值；

（2）满足公司的现金需求；

（3）满足于经营环境和公司战略目标改变的需要；

（4）甩掉经营亏损业务的包袱；

（5）消除负协同效应；

（6）政府根据反垄断法强制公司剥离一部分资产或业务。

2．公司分拆

广义的分拆包括已上市公司或者未上市公司，将部分业务从母公司中分离出来单独上市；狭义的分拆指的是已上市公司，将其部分业务或者某个子公司独立出来，另行公开招股上市。

3．公司分立

公司分立是指一个母公司通过将其在子公司中所拥有的股份，按比例分配给现有母公司的股东，从而在法律上和组织上将子公司的经营从母公司的经营中分离出去。

四、资产重组

广义的资产重组是指通过不同法人主体的法人财产权、出资人所有权及债权人进行符合资本最大增值目的的相互调整与改变，对实业资本、金融资本、产权资本和无形资本的重新组合。广义的资产重组既包括对会计学意义上的资产重组，又包括对债权、产权的重组，实际上属于企业重组。狭义的资产重组是指对企业会计学意义上的资产重组，即指企业股份制改造过程中将原企业的存量资产经过剥离、分立和合并等方式，对企业的资产和组织重新组合及设置，确定合理资产结构的行为。资产重组的目的是提高资产的配置效率及资产利用率，提高企业的经济效益，保证资产的保值增值。

（一）资产重组的模式

1．扩张型公司重组

扩张型公司重组，是公司进行资产规模和产品业务扩大的一种方式，其手段主要包括购买资产、收购公司、收购股份、合资联营以及公司合并等。

2. 调整型公司重组

调整型公司重组，也称为紧缩型公司重组，是公司进行资产规模和产品业务缩小的一种方式，其手段主要包括股权置换、股权与资产的置换、资产置换、资产置换或剥离、公司的分立、资产配负债剥离[1]等。

3. 控制权变更型公司重组

控制权变更型公司重组，是公司调整产权归属以及控制权分配的一种方式，其手段主要包括股权的无偿划转、转让或托管、表决权信托与委托书收购[2]以及股份回购和交叉控股等。

（二）资产重组的风险

1. 战略缺位或战略失误而失败的风险；

2. 战略贯彻不力而失败的风险；

3. 为处理好与并购方的关系而失败的风险；

4. 为处理好社会公共关系而失败的风险；

5. 并购成本过高而失败的风险；

6. 行政干预过多而失败的风险。

五、上市公司收购法律法规

我国《证券法》第八十五条规定，投资者可以采取邀约收购、协议收购及其他合法方式收购上市公司。

---

[1] 资产配负债剥离，即将公司资产负债表中的资产配上等额的负债一并剥离出公司母体，而接受主体一般为其控股母公司。

[2] 表决权信托，就是许多分散股东集合在一起设定信托，将自己拥有的表决权集中于受托人，使受托人可以通过集中原本分散的股权实现对公司的控制。委托书收购，是一种中小股东影响和控制公司的方法，在股权结构相对分散的公司里，中小股东可以通过征集其他股东的委托书来召集临时股东大会，并达到改组公司董事会控制公司的目的。

第八十六条　通过证券交易所的证券交易，投资者持有或者通过协议、其他安排与他人共同持有一个上市公司已发行的股份达到百分之五时，应当在该事实发生之日起三日内，向国务院证券监督管理机构、证券交易所作出书面报告，通知该上市公司，并予公告；在上述期限内，不得再行买卖该上市公司的股票。

投资者持有或者通过协议、其他安排与他人共同持有一个上市公司已发行的股份达到百分之五后，其所持该上市公司已发行的股份比例每增加或者减少百分之五，应当依照前款规定进行报告或公告。在报告期限内和作出报告、公告后二日内，不得再行买卖该上市公司的股票。

第八十七条　依照前条规定所作的书面报告和公告，应当包括下列内容：

（一）持股人的名称、住所；

（二）持有的股票的名称、数额；

（三）持股到达法定比例或者持股增减变化达到法定比例的日期。

第八十八条　通过证券交易所的证券交易，投资者持有或者通过协议、其他安排与他人共同持有一个上市公司已发行的股份达到百分之三十时，继续进行收购的，应当依法向该上市公司所有股东发出收购上市公司全部或者部分股份的要约。

收购上市公司部分股份的收购要约应当约定，被收购公司股东承诺出售的股份数额超过预定收购的股份数额的，收购人按比例进行收购。

第八十九条　依照前条规定发出收购要约，收购人必须事先向国务院证券监督管理机构报送上市公司收购报告书，并载明下列事项：

（一）收购人的名称、住所；

（二）收购人关于收购的决定；

（三）被收购的上市公司名称；

（四）收购目的；

（五）收购股份的详细名称和预定收购的股份数额；

（六）收购期限、收购价格；

（七）收购所需资金额及资金保证；

（八）报送上市公司收购报告书时持有被收购公司股份数占该公司已发行的股份总数的比例。

收购人还应当将上市公司收购报告书同时提交证券交易所。

第九十条　收购人在依照前条规定报送上市公司收购报告书之日起十五日后，公告其收购要约。在上述期限内，国务院证券监督管理机构发现上市公司收购报告书不符合法律、行政法规规定的，应当及时告知收购人，收购人不得公告其收购要约。

收购要约约定的收购期限不得少于三十日，并不得超过六十日。

第九十一条　在收购要约确定的承诺期限内，收购人不得撤销其收购要约。收购人需要变更收购要约的，必须事先向国务院证券监督管理机构及证券交易所提出报告，经批准后，予以公告。

第九十二条　收购要约提出的各项收购条件，适用于被收购公司的所有股东。

第九十三条　采取要约收购方式的，收购人在收购期限内，不得卖出被收购公司的股票，也不得采取要约规定以外的形式和超出要约的条件买入被收购公司的股票。

第九十四条　采取协议收购方式的，收购人可以依照法律、行政法规的规定同被收购公司的股东以协议方式进行股份转让。

以协议方式收购上市公司时，达成协议后，收购人必须在三日内将该收购协议向国务院证券监督管理机构及证券交易所作出书面报告，并予公告。

在公告前不得履行收购协议。

第九十五条　采取协议收购方式的，协议双方可以临时委托证券登记结算机构保管协议转让的股票，并将资金存放于指定的银行。

第九十六条　采取协议收购方式的，收购人收购或者通过协议、其他安排与他人共同收购一个上市公司已发行的股份达到百分之三十时，继续进行收购的，应当向该上市公司所有股东发出收购上市公司全部或者部分股份的要约。但是，经国务院证券监督管理机构免除发出要约的除外。

收购人依照前款规定以要约方式收购上市公司股份，应当遵守《证券法》第八十九条至第九十三条的规定。

第九十七条　收购期限届满，被收购公司股权分布不符合上市条件的，该上市公司的股票应当由证券交易所依法终止上市交易；其余仍持有被收购公司股票的股东，有权向收购人以收购要约的同等条件出售其股票，收购人应当收购。

收购行为完成后，被收购公司不再具备股份有限公司条件的，应当依法变更企业形式。

第九十八条　在上市公司收购中，收购人持有的被收购的上市公司的股票，在收购行为完成后的 12 个月内不得转让。

第九十九条　收购行为完成后，收购人与被收购公司合并，并将该公司解散的，被解散公司的原有股票由收购人依法更换。

第一百条　收购行为完成后，收购人应当在十五日内将收购情况报告国务院证券监督管理机构和证券交易所，并予公告。

第一百〇一条　收购上市公司中由国家授权投资的机构持有的股份，应当按照国务院的规定，经有关主管部门批准。

以上主要从公司并购，上市公司收购法律法规等五个部分做了讲解，投资者可以通过学习和掌握公司并购的论述分析，以及公司并购的法律制度，从而更进一步的了解资本运营和证券投资，进而更好地运用到资本投资的实际运营中去。

习题

1．根据法律对上市公司并购操作的监管要求，上市公司股权转让的方式可划分为哪两种类型？简要论述一下企业估值定价的技术方法。

2．反兼并与反收购常见的防御措施是什么？

3．资产重组有哪几种模式，分别是什么？

4．首次向国务院证券监督管理机构、证券交易所作出书面报告时，持有一个上市公司已发行的股份比例是多少？发出收购要约时，持有上市公司已发行的股份比例是多少？

第九章

国际金融市场
与证券环境分析

DIJIUZHANG

GUOJIJINRONGSHICHANG

YUZHENGQUANHUANJINGFENXI

行情总在绝望中诞生，在半信半疑中成长，在憧憬中成熟，在希望中毁减；价值、等待、低买高卖，在正确的时候，做正确的事，要敢于下重拳，毫不犹豫。

第一节　全球主要指数分析

华尔街和沃伦·巴菲特的出现绝不是偶然的，他们的形成和发展不仅是他们自身的条件和智慧决定的，更重要的是金融市场给他们创造了资本传奇的环境，以及成为财富英雄的机会。而其他国家不能，是因为他们没有这样的金融环境，尽管有着惊人的速度，但是经历了太多的波折，太多的财富传奇还没有形成就被夭折了，日久天长也就没几个能坚持下来，即使坚持下来也会在波折中慢慢退去。

美国　道琼斯工业指数

首先，我们来看一下美国的道琼斯工业指数。不过，在分析指数之前，先来了解一下美国股市。1811 年，美国纽约证券交易所，由经纪人按照粗糙的《梧桐树协议》建立起来并开始运营。美国股票市场比欧洲股市（指荷兰、英国和法国）较晚一些，但是，对现代证券投资却有着典型的意义，特别是第一次世界大战后，美国纽约证券交易所逐步成为世界上最大、最重要的证券交易所，与此同时，美国也成了证券投资中心。投资者对西方股票市场和股票投资理论的研究，也以美国为主。

美国股票市场和股票投资近 200 年的发展大体经历了 4 个历史时期，下面让我们走进美国证券史，对其进行了解分析。

一、第一个历史时期是从 18 世纪末至 1886 年，美国股票市场得到初步发展

美国证券市场萌芽于 18 世纪末，1811 年，纽约证券交易所（New York Stock Exchange，NYSE）的建立标志着美国证券市场真正形成。随后美国马里兰州和费城的证券交易所，在交易规模和活跃程度上与纽约交易所相差不大。但是，在禁止骗局融资上，纽约交易所更具竞争优势。1850 年，电报的发明强化了纽约交易所对其他地区的影响，其他交易所很快被边缘化，华尔街成为美国证券交易中心。

从交易品种上看，当时主要交易品种是商品、联邦政府债券和新独立的州政府债券，也包括部分银行和保险公司的股票。这一时期的美国股票市场几乎是一个纯粹投机市场，华尔街的交易具有很强的掠夺性，是一个操纵现象严重的市场。

二、第二个历史时期是从 1886 年—1929 年，这一阶段美国股票市场得到了迅速的发展，但市场操纵和内幕交易现象非常严重

从经济方面看，这一时期美国逐渐发展成为世界政治和经济中心。19 世纪后期，为了给铁路、制造业和矿业融资，企业纷纷发行股票，纽约证券交易所的股票市场成为美国证券市场的重要组成部分。1886 年，纽约证券交易所股票日交易量第一次超过 100 万股。1889 年，《华尔街日报》成立标志着美国证券市场开始步入股票交易时代，查尔斯·亨利·道开始在《华尔街日报》发表大量关于股票投资的文章。1896 年，道琼斯指数成立。此时，股票市场的价格波动不仅对借款者、投资者和从事证券工作的人员意义重大，而且成为美国经济发展状况和活力的晴雨表。

1914 年，第一次世界大战爆发，导致了美国股市崩盘，纽约证券交易所关闭了 4 个月。1917 年，美国参战，股市又一次出现下跌。1929 年，美国股市进入大萧条。

这一时期，美国股市仍然是一个投机占主流的市场，投资思想得到初步发展。

三、第三个历史时期是从 1929 年大萧条以后至 1954 年，美国股市开始进入重要的规范发展期

1929 年 8 月，道琼斯工业指数最高到了 380 点，而 1932 年该指数最低下跌到 42 点，跌幅接近 90%，25 年以后，也就是 1954 年，道琼斯指数再次回到 380 点。1929—1933 年，美国股市下跌的同时，大量的债券被拒付，美国约有 40% 的银行倒闭。

1934 年，本杰明·格雷厄姆的《证券分析》首次出版，格雷厄姆提出了新古典价值投资理论。1936 年，凯恩斯发表《通论》，论述了股票价格决定的"选美理论"。1938 年，约翰·威廉姆斯出版《投资价值理论》一书，提出了著名的股票价值的折现理论。

这一时期，美国股市真正进入投资时代，价值投资思想是这个时期的主流思想。

四、第四个历史时期是从 1954 年至今，机构投资者迅速发展，美国股票市场进入现代投资时代

1958 年，在美国股票历史上，长期政府债券的收益率第一次超过了普通股的股利收入，以此为标志，成长投资一度成为主流的投资思想。这一时期，价值投资思想与成长投资思想逐步融合，现代价值投资思想形成。1990 年，被动投资开始有所显现。这一现代发展期可以细分

为三个阶段。

1. 第一阶段是从 1954 年到 1973 年的"成长年代"。

从 20 世纪 50 年代中期到 20 世纪 70 年代初，道琼斯工业指数从 400 点上涨超过了 1000 点，这个时期的上半段也是战后美国经济发展的黄金时期。从国际金融体系看，战后布雷顿森林体系的建立，确立了美元在国际经济的核心角色，稳定和强势的美元在促进了国际贸易发展的同时，也帮助美国统治着国际贸易和国际投资。60 年代后期，政府巨额的财政赤字、通货膨胀、石油价格上涨、国际收支成为美国经济的重要问题，最终导致 1971 年战后布雷顿森林体系的崩溃、美元贬值和 1973 年的第一次石油危机。这一阶段股票上升又可分为"三杯马提尼酒"的 50 年代和"活跃上升"的 60 年代。

1.1. "三杯马提尼酒"的 50 年代

1953 年，艾森豪威尔当上总统，华尔街与政府的敌对得到缓解，华尔街经纪人的日子比较好过，多数经纪人可以惬意的享受"三杯马提尼酒的午餐"，这一时代的股票市场被称为"三杯马提尼酒的时代"，也是 20 世纪美国股票市场的第一个"黄金时代"。

1958 年，费雪出版《普通股的非凡利润》，成长投资思想体系得到进一步发展。1959 年，马克威茨整理出版了《资产选择：投资的有效分散化》一书，系统地阐述了现代资产组合投资理论，投资理论悄悄诞生了。

1.2. "活跃上升"的 60 年代

60 年代初，美国股票市场进入了一个疯狂的成长投资年代，人们迎来的是股票腾飞的 10 年。60 年代至 70 年代初成长股的投资经历了四次热潮。

第一个热潮是技术股和电子狂潮。预期盈利不断增长的成长型股票，主要是像德州仪器公司和摩托罗拉这样的与新技术联系的公司首先成为股市的宠儿，由于有这种高涨热情的支持，这些行业的证券价格猛烈上升，部分股票的市盈率高达 70 倍和 80 倍。

成长股的投资热潮尚没有消退，60 年代中期，伴随着"联合企业"投资的狂热的来临，美国股市进入历史上第二次并购浪潮。尽管当时的反托拉斯法禁止大公司大量收购同行业的企业，但购买其他行业的公司并不受司法部的干预，部分公司开始尝试通过利用现金和换股等不同方式，收购市盈率低的其他企业，提高自己公司的 EPS（每股收益），来人为"制造"成长神话。这一热潮随着联邦贸易委员会和司法部对联合企业的合并调查和收购会计制度的改变而在 1968 年崩溃。

60 年代末期，又出现了概念股票投资热潮。华尔街信奉"我不要听证券分析家的分析，我只要一种有用的概念"，很多概念公司后来被证明几乎不值一文。1969—1971 年的空头市场宣告了概念投资的终结。

成长投资的最后一波是 70 年代初的"漂亮 50"浪潮。机构投资者不再追求激动人心的概念股票，而是恢复"稳妥的原则"，争相购买并长期持有那些能够长期稳健成长的知名公司的股票，通用电气、宝丽来、可口可乐、麦当劳等行业巨头构成的"最有吸引力的 50 种股票"这一投机热潮在 1973 年的股市下跌中最终崩溃。

1961 年，威廉·夏普在《管理科学期刊》，发表了著名的"投资组合分析的简化模型"一文，提出单因素的市场模型。1964 年夏普与林特纳等几乎在同时提出了 CAPM 资本资产定价模型。在喧嚣的成长股投资年代，理论金融的投资思想体系比较完整的建立了起来。1968 年，托宾 Q 理论问世，似乎从理论上预测了 60 年代疯狂成长股投资的终结。

2. 第二阶段从 1972 年到 1981 年，美国股票市场进入 20 世纪的第二次投资调整的阶段

这一阶段美国的股市与经济一样处于动荡和盘整的阶段，1974 年 12 月，道琼斯工业指数最低跌到 580 点，之后长期在 800 点左右徘徊。

3. 第三阶段从 1982 年至今，是美国股票史上一个新的发展期

较低的通货膨胀率、长期的经济增长、伴随短促的经济衰退，为 1982 年后股票市场的长期繁荣创造了条件。证券化、国际化、美国化成为这一时期金融发展的特征，机构投资者不断成熟扩大，政府对投资者的保护更加完善，金融创新工具不断涌现，大规模的兼并收购活跃，高科技股脱颖而出，股票市场空前繁荣。90 年代的大牛市成就了巴菲特一度成为全球首富地位，古典价值投资理论被巴菲特发扬光大，强调资产转换价值和控制投资的现代价值理论，也在 90 年代迅速发展起来，行为金融的研究也进入了黄金时代。

从 1982—2000 年的 18 年间，只在 1987 年四季度，出现了唯一一次下跌超过 25%，并且是单季度快速调整，随后继续上涨，从 770 点一直到 2000 年 1 季度指数创出 11908.5 点新高，进入 3 年较长时间的下跌期，其他的年份都是呈现叠加式上涨，如图 9-1 所示，这是其他任何一个国家所没有的，也可以说它本身就是一个奇迹。目前，纽约证券交易所是上市公司总市值第一，IPO 数量及市值第一（2009 年数据），交易量第二（2008 年数据）的交易所。大约有 2800 家公司在此上市，全球市值 15 万亿美元。那么，华尔街和巴菲特的出现也就不足为奇了。

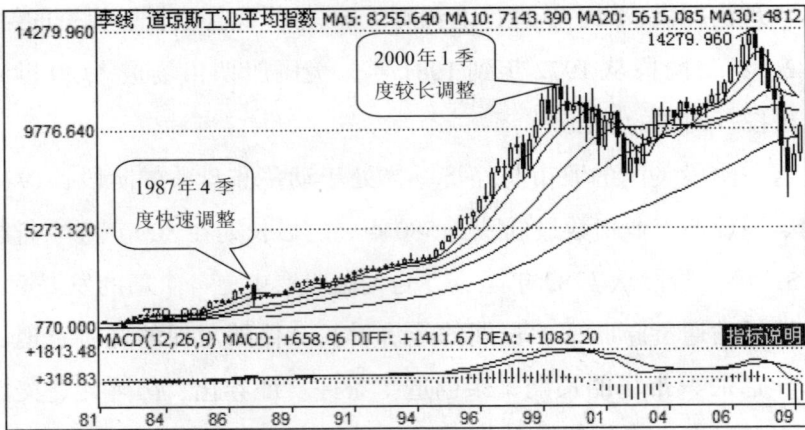

图 9-1　道琼斯工业平均指数

英国　伦敦金融时报 100 指数

1551 年，英国成立了世界上第一家股份公司，即 MUSCOV 股份公司。最早的股票投资者是伦敦的商人，但西方的股票和证券交易所最早却产生于 1611 年的荷兰。1773 年，英国第一家证券交易所在伦敦柴思胡同的乔纳森咖啡馆成立，于 1802 年，交易所获得英国政府正式批准。1973 年，伦敦证券交易所与设在英国格拉斯哥、利物浦、曼彻斯特、伯明翰和都柏林等地的交易所合并成大不列颠及爱尔兰证券交易所，1995 年 12 月，该交易所分为两个独立的部分，一部分归属爱尔兰共和国，另一部分归属英国，即现在的伦敦证券交易所。

伦敦证券交易所（London Stock Exchange，LSE）是世界四大证券交易所之一，是世界第三大证券交易中心，作为世界上最国际化的金融中心，伦敦在债券及外汇交易领域是全球领先者，并受理超过三分之二的国际股票承销业务，其外国股票的交易超过其他任何证券交易所。

如图 9-2 所示，英国伦敦金融时报 100 指数与美国道琼斯工业指数，在 20 世纪 80 年代和 90 年代的走势是相似的，于 1999 年第 4 季度，指数创出新高 6950.6 点并见顶，比道琼斯指数早了一个季度。不过，伦敦金融时报 100 指数比道琼斯指数要弱得多，道琼斯工业指数于 2007 年第 4 季度达到 14279.96 点，再次创出历史新高，而英国伦敦 100 指数并没有创出新高。在英国，股票投资理论没得到特别突出的发展，在股票投资上也没有出现显著的代表性人物。

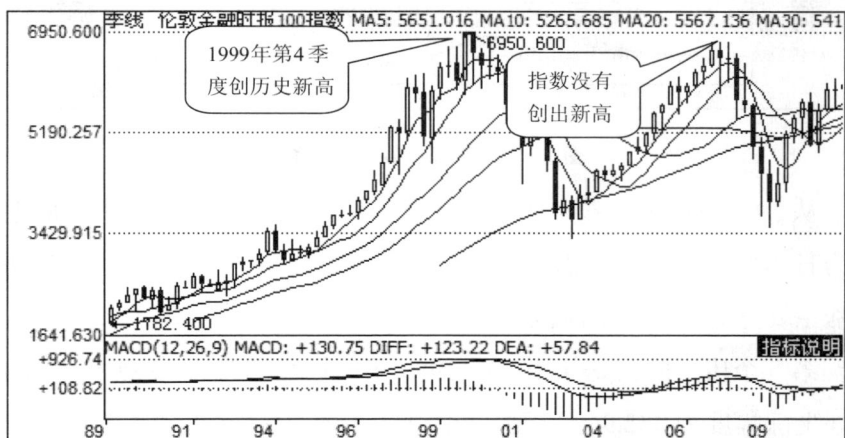

图 9-2　伦敦金融时报 100 指数

日本　东京日经 225 指数

东京证券交易所（Tokyo Stock Exchange），在 1878 年 5 月 15 日创立，是仅次于纽约证券交易所的世界第二大证券市场。但是，却不是一个大的国际融资中心，在东京证交所上市的海外企业相当少，基本上以日本的企业为主，而伦敦、纽约等其他国际性的证券交易所，则有相当大数量的外国企业。目前有上市公司 1777 家，其中外国公司 110 家，市场资本总额将近 45000 亿美元。

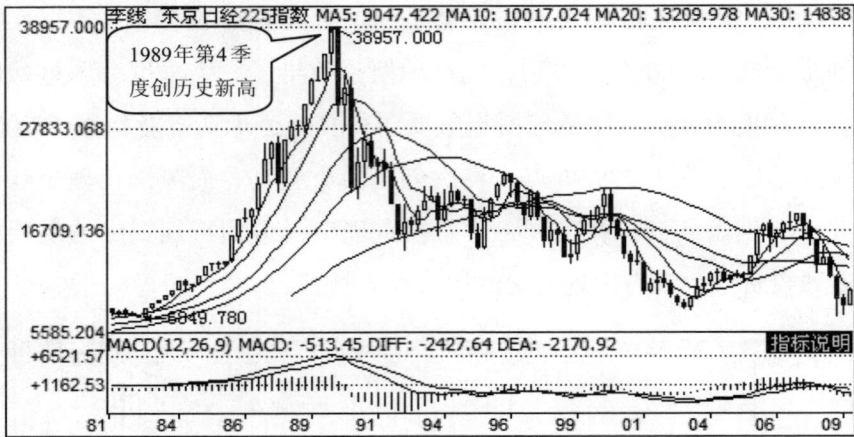

图 9-3　东京日经 225 指数

从 1950—1989 年第 4 季度，日经指数从 85 点上涨到 38957.00 点，成为日本股市历史性高点，如图 9-3 所示，历时为 39 年。这一时期的上涨主要分为 4 个历史阶段。

第一个历史阶段是从 1950—1953 年，日经指数从 85 点上涨到 470 点，上涨幅度为 452.94%，随后从 1953 年到 1954 年出现了 37.8% 的下跌，指数跌到 314 点的低点。

第二个历史阶段从 1954—1961 年，东京日经 225 指数从 314 点上涨到 1829 点，上涨幅度为 482.48%，随后从 1961 年到 1965 年的 4 年里下跌了 44.2%，下跌到 1020 点的新低。

第三个历史阶段从 1965 年到 1973 年，日经 225 指数从 1020 点上涨到 5350 点，上涨幅度为 424.5%，随后从 1973 年到 1974 年出现了 37.4% 的调整，指数下跌到 3355.13 点。

第四个历史阶段是从 1974 年到 1989 年第 4 季度，日经 225 指数在 15 年内从 3355.13 点上涨到 38957.00 点，上涨了 10.61 倍，形成了日本股市的重要历史高位。

从 1990 年第 1 季度至今，在 20 年的时间里日本东京日经 225 指数一路下跌，到 2008 年第 4 季度，指数跌到 6994.9 点，跌幅为 82.04%，从日本东京日经 225 指数的涨跌变化来看，日经指数表现出暴涨暴跌，极不稳定的特点，而且上涨的持续性非常弱。因此，日本股市也不像美国那样具有很强的国际影响力，在金融投资领域也没有持续性并富有代表性的投资家。

法国　巴黎 CAC40 指数

法国巴黎证券交易所（Paris Stock Exchange）是法国最大的证券交易所，于 1724 年正式建立，其经纪人由法国财政经济部指定，共有 99 人，其中巴黎 71 人，外省 28 人。证券经纪人的工作是接受客户买卖证券的委托，掌握买卖双方供求数量和要求的价格幅度，代客户进行买卖，从中收取佣金。巴黎证券交易所内的证券价格由供求关系决定，官方牌价由交易所业务委员会听取经纪人同业公会的意见后公布。法国从 1961 年开始，所有交易所实行"单一价格"。巴黎证券交易所发行全国性、国际性和外国证券，7 家外省交易所经营地区证券买卖，并划分了各自的管辖区，但有时一种证券也同时在几个交易所买卖，标价统一。巴黎证券交易所在世界各大交易所中，仅次于纽约、东京和伦敦，名列第四。

法国巴黎 CAC40 指数，也有着自己的特点。从图 9-4 中可以看出，巴黎 CAC40 指数从 1991 年到 1995 年底呈现横盘形态，然后，指数从 1996 年初至 2000 年第 3 季度，4 年时间出现了快速上涨，涨幅为 2.7 倍。

但是，在指数创出新高后又快速下跌，到 2003 年第 1 季度，下跌幅度为 65.42%，之后的行情上涨幅度缩小，指数也没有创出新高，在 2008 年金融危机中下跌了 60.02%，其表现为指数大涨大跌的波动性极强，持续性非常弱，可谓一波三折。同为欧洲股票市场，法国巴黎 CAC40 指数不如英国伦敦金融时报 100 指数表现坚挺一些。

图 9-4　法国巴黎 CAC40 指数

德国　法兰克福 DAX 指数

　　德国德意志证券交易所是欧洲最活跃的证券交易市场，在德国证券交易所交易的股票来自全球 70 个国家，它的每日交易显著高于欧洲证券交易所、伦敦证券交易所等。德交所的上市费用在整个欧洲是最为低廉的，从 5000 ~ 10000 欧元不等。目前，尚未有中国企业在德交所上市。

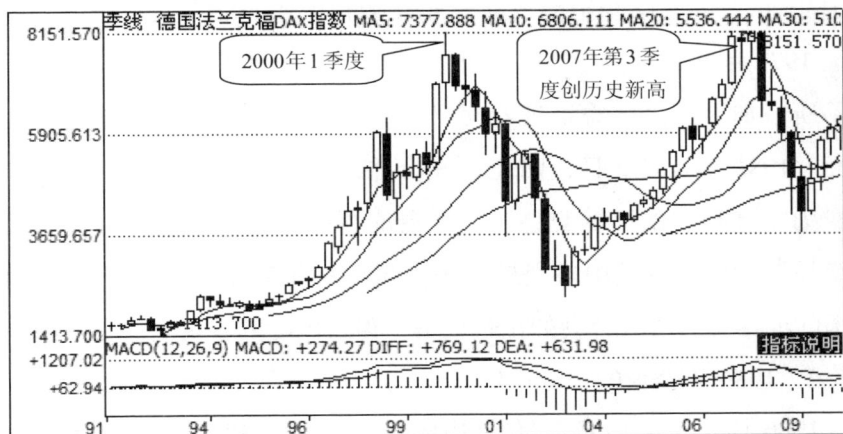

图 9-5　德国法兰克福 DAX 指数

参考图 9-5 进行分析，德国法兰克福 DAX 指数与英国金融时报 100 指数的上涨走势相近。但是，它表现出的自己的特点是比英国 100 指数上涨力度大，走势更为强劲些。不过，法兰克福 DAX 指数在下跌时的抗跌性比较弱，表现出直上直下，大起大落的大波段性极强特征，这也更能突出它在欧洲股票市场中最活跃的自身特点。

香港　恒生指数

香港交易及结算所有限公司（简称港交所，英文名称为 Hong Kong Exchanges and Clearing Limited，简称 HKEx）港交所：香港的证券交易所。港交所是一家控股公司，全资拥有香港联合交易所有限公司、香港期货交易所有限公司和香港中央结算有限公司三家附属公司。主要业务是拥有及经营香港唯一的股票交易所与期货交易所，以及其有关的结算所。

香港交易所及其市场的发展，以 1986 年为界分为前后两个历史阶段。

1. 1986 年以前的香港证券市场

香港的证券交易历史悠久，早于 19 世纪香港开埠初期已出现，但到 1891 年香港股票经纪会成立，才开始有正式的证券交易市场。1969
年至 1972 年间，香港设立了远东交易所、金银证券交易所、九龙证券
交易所，加上原来的香港证券交易所，形成了四间交易所鼎足而立的
局面。1986 年 4 月 2 日，四会正式合并，宣布联合交易所开始运作，
并成为香港唯一的证券交易所，香港证券市场进入一个新时代。联交
所交易大堂设于香港中环交易广场，同年 9 月 22 日，联交所获接纳成
为国际证券交易所联合会的正式成员，得到国际的肯定。

2. 1986 年至今的香港市场

1986 年，香港市场开始了其崭新的现代化和国际化发展阶段。
1993 年 7 月 15 日，大陆国企蓝筹股[1]青岛啤酒（600600）在香港上市，
青岛啤酒成为香港第一家红筹股[2]，也是香港首家 H 股[3]上市公司。

2000 年 3 月，香港联合交易所有限公司与香港期货交易所有限公
司实行股份化，并与香港中央结算有限公司合并，由单一控股公司香港
交易所拥有。香港交易所于 2000 年 6 月 27 日以介绍形式以每股 3.88 元，
在联交所上市。目前香港交易所是唯一经营香港股市的机构，在未得财
政司司长同意下，任何个人或机构不得持有港交所超过 5% 的股份。

---

[1] 蓝筹股是指具有稳定的盈余记录，能定期分派较优厚的股息，被公认为业绩优良
的公司的普通股票，又称为"绩优股"。"蓝筹"一词源于西方赌场，在西方赌场中，
有三种颜色的筹码，其中蓝色筹码最为值钱，红色筹码次之，白色筹码最差。特点是
有着优良的业绩、收益稳定、股本规模大、红利优厚、股价走势稳健、市场形象良好。
蓝筹股可以分为：一线蓝筹股，二线蓝筹股，绩优蓝筹股，大盘蓝筹股等。

[2] 红筹股（Red Chip），这一概念诞生于 90 年代初期的香港股票市场。中国在国际
上有时被称为红色中国，相应地，香港和国际投资者把在境外注册，在香港（海外）
上市的那些带有中国大陆概念（中国概念）的股票称为红筹股。

[3] H 股，是指注册地在中国内地、上市地在香港的外资股，"H"，是取香港英文
HongKong 的第一个字母。以此类推，纽约的第一个英文字母是"N"，新加坡的第一
个英文字母是"S"，纽约和新加坡上市的股票就叫作 N 股和 S 股。

　　2004 年港交所收入为 23.93 亿港元，净利润 11 亿港元，是目前全球上市的 5 家交易所中最赚钱的交易所。相比之下，除了泛欧交易所（EURONEXT）（由巴黎交易所，布鲁塞尔交易所、阿姆斯特丹现货和衍生品交易所合并而成）的利润与香港交易所相当外，其他 3 家上市交易所（包括瑞典的斯德哥尔摩交易所，澳大利亚，新加坡交易所）都相对逊色。2006 年 9 月 11 日，港交所成为恒生指数成分股。

　　以图 9-6 为例，香港恒生指数整体走势是比较强劲的，但是，指数在上涨过程中波动性及调整幅度相对比较大，上涨的时间持续性较弱，其走势与大陆上证指数很相似，其表现具有联动性的特点，但是，整体走势要比上证指数强势得多。香港恒生指数，自 1990—2009 年 19 年间，经历了近 7 年的下跌行情，共分四次，前两次下跌都超过了 30%，后两次则超过了 50%，与美国道琼斯工业指数相比，香港恒生指数波折性比较大，其稳定性相对较弱。这说明，股票投资理念以及投资者对市场波动的控制情绪不如美国成熟。

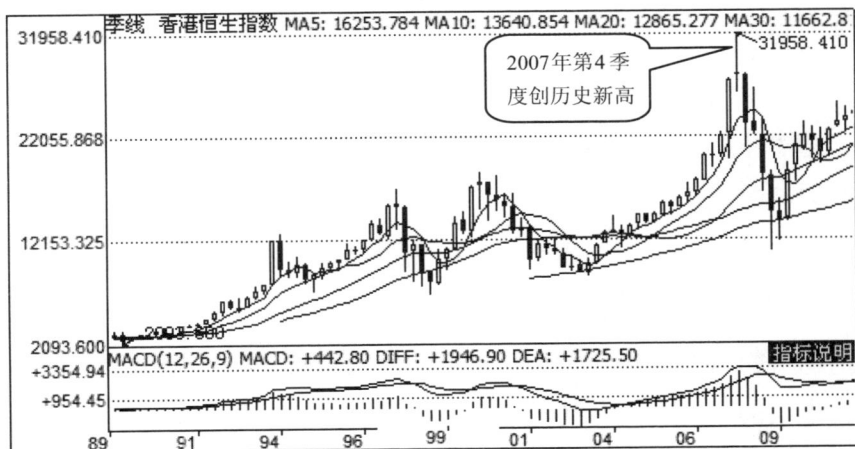

图 9-6　香港恒生指数

新加坡　海峡指数

　　新加坡证券交易所（Singapore Exchange Limited，SEX），简称新交所，是亚洲仅次于东京、中国香港的第三大交易所，亚洲的主要金融中心之一。1930 年成立的新加坡证券业协会，是新加坡证券交易所的前身。1973 年 5 月 24 日，新加坡证券交易所成立，于同年 6 月 4 日开始营业。1999 年 12 月 1 日，新加坡证券交易所与新加坡国际金融交易所合并，成立了目前的新加坡交易所。新加坡是一个非常国际化的市场，无论是上市公司数量或市值，外国公司占上市总数的 35%；在新加坡上市的外国企业，无论国际行业或区域划分，都非常多元化。目前，我国在新加坡上市融资的企业已达到 143 家（2008 年 8 月统计数据），几乎占到在新加坡上市的外国企业总数的一半，形成了颇具特色的"红筹股"板块。在新交所上市的中国企业中，来自广东的最多，其次是江苏、山东、福建。迄今为止，在新交所上市的绝大多数中国企业是民营企业，其比例超过 93%。相比之下，香港交易所的市场注意力被大型国有企业占据。

　　随着中国上市公司占新交所市值比重越来越大，建力中国指数、富时海峡时报中国指数、富时海峡时报中国 TOP 指数相继被推出。之所以推出这一系列中国指数，一是为了满足中国机构投资者和基金经理的需求；二是投资者需要一项以较小股票篮子为基础的即时指数，来不断反映具有较高流动性的、新加坡上市的中资股票状况。另外，来自中国的中远投资与扬子江造船厂被计入新加坡海峡指数，成为中国企业在新加坡上市最成功的企业之一。

　　由于政治稳定、法制健全透明、税率较低、无外汇管制，新加坡历来是东南亚资金的聚集地。其管理的私人资产与财富已超过 1700 亿新元，仅其境内管理的基金就将近 8900 亿新元。新加坡资本市场资金来源渠道多样，规模巨大，资金供应比较充裕。

从指数上来分析，如图 9-7 所示，新加坡海峡指数具有很强的波动性，几乎没有大的历史性单边上涨行情，整体上涨幅度不大。从 1989 年到 2007 年第 4 季度，指数创出历史性高点历时 18 年，香港恒生指数上涨幅度为 14.26 倍，而新加坡海峡指数仅上涨 3.88 倍，是香港恒生指数上涨幅度的 27.24%，远远落后于香港恒生指数。因此，新加坡股市是波段性择时很强的交易市场，当然，这样就会失去很多投资机会收益，从而降低了市场投资的整体收益。

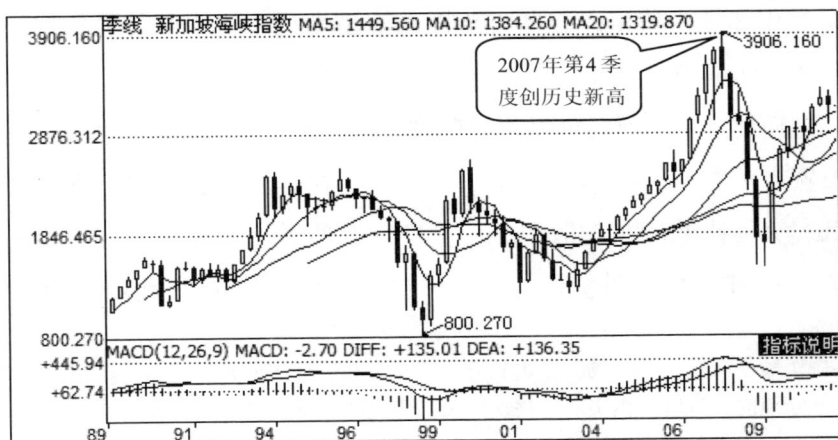

图 9-7　新加坡海峡指数

美国　纳斯达克综合指数

纳斯达克（National Association of Securities Dealers Automated Quo-tations，NASDAQ）是美国全国证券交易商协会，于 1968 年着手创建的"全

美证券商协会自动报价系统"名称的英文简称。1971 年 2 月 8 日，纳斯达克股市建立，它是一个完全采用电子交易，为新兴产业提供竞争舞台，自我监管，面向全球的股票市场。纳斯达克是全美也是世界最大的股票电子交易市场，又是全世界第一个采用电子交易的股市。目前，上市公司有 5200 多家，它在 55 个国家和地区设有 26 万多个计算机销售终端。

纳斯达克的特点是收集和发布场外交易非上市股票的证券商报价。纳斯达克在传统的交易方式上，通过应用当今先进的计算机和电讯技术，使它与其他股票市场相比独树一帜，代表着世界上最大的几家证券公司的 519 位券商被称作"做市商"[1]，他们在纳斯达克上提供了 6 万个竞买和竞卖价格。这些大范围的活动由一个庞大的计算机网络进行处理，向遍布 52 个国家的投资者显示其中的最优报价。

纳斯达克拥有自己的做市商制度，它们是一些独立的股票交易商，为投资者承担某一只股票的买进和卖出。这一制度安排对于那些市值较低、交易次数较少的股票尤为重要。这些做市商由全美证券交易商协会（NASD）的会员担任。每一只在纳斯达克上市的股票，至少要有

---

[1] 做市商是指在证券市场上，由具备一定实力和信誉的证券经营法人作为特许交易商，不断地向投资者提供买卖价格，并按其提供的价格接受投资者的买卖要求，以其自有资金和证券与投资者进行交易，从而为市场提供即时性和流动性，并通过买卖价差实现一定利润。目前，美国有 6000 多个做市商。（2010 年数据）

做市商制度可以起到做市、造市、监市三大作用。做市，指的是当股市过度投机时，做市商通过在市场上与其他投资者的相反操作，努力维持股价、降低市场泡沫；造市，指的是当股市过于沉寂时，做市商通过在市场上人为地买进卖出股票，以活跃人气，带动其他投资者实现价值发现；监市，指的是做市商可以行使权利，获得交易对象的信息以监控市场的异动。这样做可以保持政府和市场的合理，以抵消行政行为的强烈影响。做市商与庄家有根本的区别：做市商的交易行为是透明的，而庄家的行为则是不透明的。

两个以上的做市商为其股票报价，一些规模较大、交易较为活跃股票的做市商往往能达到 40 ~ 45 家。这些做市商包括美林、高盛、所罗门兄弟等世界顶尖级的投资银行。NASDAQ 现在越来越试图通过这种做市商制度使上市公司的股票能够在最优的价位成交，同时又保障投资者的利益。

与大部分主板市场都采用集合竞价方式相对应，大部分创业板市场都采用了做市商制度。目前，我国的上海和深圳两个证券交易所采用的交易制度均是以指令驱动为特征的电子自动对盘系统。而且，由于场外柜台交易在我国尚未出台，采取做市商制度的客观条件还不成熟。纳斯达克的上市公司涵盖所有新技术行业，包括软件和计算机、电信、生物技术等。主要由美国的数百家发展最快的先进技术、电信和生物公司组成，包括微软、英特尔、美国在线、雅虎这些家喻户晓的高科技公司，因而成为美国"新经济"的代名词。

纳斯达克综合指数是代表各工业门类的市场价值变化的晴雨表。因此，纳斯达克综合指数相比标准普尔 500 指数、道琼斯工业指数（它仅包括 30 个大公司）更具有综合性。目前，纳斯达克综合指数包括 5000 多家公司，超过其他任何单一证券市场。因此，纳斯达克综合指数已成为最有影响力的证券市场指数之一。

以图 9-8 所示，纳斯达克综合指数，可以说从上市以来，一直到 2000 年第 1 季度创出历史高点，其走势都是非常强势的，呈现出一个历史性大的单边上涨行情，从 1989 年到 2000 年历时 11 年指数上涨了 14.89 倍。但是，伴随着科技股泡沫的破裂，在指数创出历史新高后，从 2000 年第 1 季度至 2002 年第 4 季度，纳斯达克市场暴跌，闹起了科技股灾，两年多的时间指数暴跌 78.4%。随后，指数开始在一个区间内进行长时间的波段整理，伴随着指数基数的增大，指数上涨幅度明显放慢。

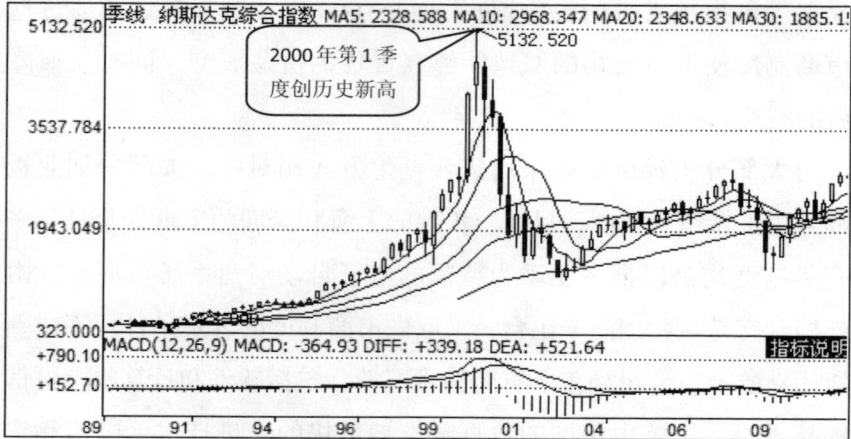

图 9-8　纳斯达克综合指数

中国上证指数，自 1992—2009 年 17 年时间，有 8 年是下跌行情，从 1992 年到 2005 年的 14 年时间基本是横盘整理，最大跌幅在 65% 以上，所以，市场极为脆弱和不完善。因此，在这样的市场时期里，也是很难出现收益显著的投资家。另外，个人财富增长与一个国家的税负率[1]或税负工作天数是有极其重要的关系的。

表 9-1　各国税负率及税负天数（2010 年数据）

国家	税负率	税负工作天数
美国	27%	99 天
英国	41%	150 天
中国	43.9%	161 天
法国	56%	207 天
匈牙利	59%	218 天

[1]　税负率＝（税收总额／居民总收入）×100%；税负工作天数＝（税收总额／居民总收入）×365（闰年为 366）。

国际金融市场基本上呈现三种风格，美洲、欧洲和亚太风格，同一国家风格有时也不尽相同。美洲风格比较完善，适合长期投资，尽管近几年出现了波动；欧洲风格属于直上直下的大波段形态，适合于大波段投资操作，英国与美洲风格相近；除香港外，亚太风格不仅显得疲软，而且波段性更强，所以它的操作难度加大，时间上并非完全同步，波段性更加明显，振幅也大，适合于阶段性投资操作。

区域风格的形成，从根本上来讲是由投资行为决定的。投资行为是人的行为在证券市场上的体现，这种体现是由主流群体构成的，单一行为或者是几个行为是改变不了整个市场行为的，三大区域有着不同的三大风格，每一区域风格又有着不同的独立表现，这在亚太地区最为突出，中国大陆、中国香港与中国台湾和日本的市场行为是完全不一样的。

大的国际性涨跌差异在时间上基本是一致的，但是又存在着区域性的个性差异，例如，道琼斯工业指数2000年的下跌和2003年的上涨，国际市场并非同步，中国大陆2001年开始下跌，2006年才开始历史性上涨；香港是同步的，但是美国1994、1997、1998年并未下跌；法国、德国与美国基本是一致的，但是涨跌风格却不一样，这就决定了两个市场的区域性差异，最后形成的收益率也是不同的。

由此我们不难看出，股市是经济的晴雨表，它具有国际性，又具有区域性特点，还反映着每个国家的个性特征。把握金融市场行情趋势，我们不仅要了解某个国家，或者某个地区的经济走势，还要掌握某个国家或者某个区域的金融市场的个性特征，以及市场风格在收益率上的行为体现。国际、区域、国家间有着相互统一的基本趋势，又有着区域和国家的个性差异，这些差异和统一会给我们的投资决策提供历史性依据。

习题

1．道琼斯工业指数成立于哪一年？投资者对西方股票市场和股票投资理论的研究，为什么要以美国为主？

2．世界上第一家股份公司和西方最早的证券交易所分别出在哪个国家？哪个国家被称为世界上最国际化的金融中心？

3．目前全球上市交易所中最赚钱的是哪一家交易所？中国企业加入了哪个国家的股票指数？

4．全世界第一个采用电子交易的股市是哪一家股市？什么是做市商？

5．什么是税负率？请简要概括全球主要股市的运行现状是怎样的。

第二节　国际金融市场分析

在国际领域中，国际金融市场显得十分重要，商品与劳务的国际性转移，资本的国际性转移、黄金输出入、外汇的买卖到国际货币体系运转等各方面的国际经济交往都离不开国际金融市场，国际金融市场上新的融资手段、投资机会和投资方式层出不穷，金融活动也凌驾于传统实质经济活动之上，成为推动世界经济发展的主导因素。

国际金融市场是指从事各种国际金融业务活动的场所，此种活动包括居民与非居民之间或非居民与非居民之间，也是广义上的概念；狭义概念是指国际间长短期资金借贷的场所。国际金融市场可以按照不同的分类方法来划分。

按性质不同划分为传统国际金融市场（也称在岸国际金融市场）和新兴离岸金融市场。

1. 传统国际金融市场

是指从事市场所在国货币的国际信贷和国际债券业务，交易主要发生在市场所在国的居民与非居民之间，并受市场所在国政府的金融法律法规管辖。

2. 新兴离岸金融市场

是指其交易涉及所有可自由兑换的货币，大部分交易是在市场所在国的非居民之间进行的，业务活动也不受任何国家金融体系规章制度的管辖。

按经营业务的种类划分为四个细分市场。

1. 国际资金市场

是狭义上的国际金融市场，即国际间的资金借贷市场，按照借贷期限长短又可划分为短期信贷市场和长期信贷市场。

2. 国际外汇市场

由各类外汇提供者和需求者组成的，进行外汇买卖、外汇资金调拨、外汇资金清算等活动的场所。主要业务包括外汇的即期交易、远期交易、期货交易和期权交易。伦敦是世界最大的外汇交易中心，世界上比较重要的外汇交易市场还包括纽约、苏黎世、法兰克福、东京和新加坡。

3. 证券市场

是股票、公司债券和政府债券等有价证券发行和交易的市场，长期资本投资人和需求者之间的有效中介，是金融市场的重要组成部分。

4. 国际黄金市场

指专门从事黄金交易买卖的市场。

按金融资产交割的方式不同划分为现货市场、期货市场和期权市场。

1. 现货市场

指现货交易活动及场所的总和。

2. 期货市场

主要交易类型有外国货币期货、利率期货、股指期货和贵金属期货等。

3. 期权市场

是投资者进行期权交易的场所。

按资金融通期限的长短划分为国际货币市场和国际资本市场。

1．国际货币市场

指资金借贷期在1年以内（含1年）的交易市场，或称短期资金市场。

2．国际资本市场

指资金借贷期在1年以上的中长期信贷或证券发行，或称长期资金市场。

从整体上来讲，国际金融市场的内容包括五个主要的细分市场，分别是：国际货币市场、国际资本市场、国际外汇市场、国际黄金市场、国际租赁市场。

下面讲述一下国际租赁市场。所谓租赁，是指出租人提供不具法律所有权的资产使用权的一种安排。许多制造企业不仅出售设备，还从事日常租赁。银行也大量从事租赁，租赁实际上是一种资金融通技术。当租赁跨越国界时，便成了国际间资金融通的一种方式。它使承租人不必购买短期或季节性需要使用的设备，从而变相为企业提供了资金融通。从另一意义上讲，租赁费用一般是分阶段（比如每月一次或每半年一次）支付的，这等于出租人向承租人提供了信贷。

国际租赁的形式是多种多样的，主要有操作租赁（Operating Leases），金融租赁（Financial Leases），货币加成租赁（Money-Over-Money Leases），减税租赁（Tax Credit Leases），杠杆租赁（Leveraged Leases）和双重租赁（Double Leases）。自20世纪70年代以来，国际租赁业务发展十分迅速。租赁物小到办公用品，大到商用飞机，包罗万象。美国、英国和德国是世界上主要的租赁市场所在地，租赁公司大部分由银行经营或控制。据估计，20世纪70年代末和80年代初时，美国公司使用的耐用设备中有30%采用租赁设备，英国所有资本开支的15%～20%是通过租赁来实现资金融通的。

国际租赁市场的机构主要由六个部分组成，分别是：专业租赁公司；融资租赁公司；银行，保险等金融机构所设的租赁公司；制造商附设租赁部或租赁公司；租赁经纪人；国际性租赁联合组织。

国际金融市场形成的条件主要有六个方面，分别是：政治环境稳定；有较强的国际经济活力；外汇管制少，基本上实现自由外汇制度，征低税或免征税；国内金融市场发达；地理位置好，交通便利，通信设施完善；具有高素质，并能提供高效率服务的国际金融人才。

国际金融市场的作用主要体现在四个方面，分别是：

（1）大规模的国际资金的运用、调拨、合理高效地进行配置调节，推进了生产和资本的国际化；

（2）调节各国国际收支。主要表现为：汇率自动调节，国际储备动用，金融市场上借贷筹措资金，维护一国国际收支；

（3）畅通国际融资渠道，使一些国家能顺利地获得经济发展所需资金。"二战"后，德国和日本的兴起就依赖于欧洲货币市场；

（4）银行业务国际化。跨国银行，各国银行通过市场有机地联系在一起，在国际间建立了良好信用关系，资金余缺的调配，极大地推动了第三世界经济发展，从而使整个世界焕然一新。

根据调查报告，成功的金融中心扮演了五个角色中至少一个：

（1）全球金融中心，目前只有伦敦和纽约具备这个资格；

（2）国际金融中心，比如香港，承担了大量跨国交易活动；

（3）特色金融中心，在某个领域独占鳌头，比如苏黎世的私营银行业是世界第一；

（4）全国金融中心，作为一个国家的金融中心，比如上海；

（5）区域金融中心，承担了国内一个地区的主要金融业务，比如芝加哥既是一个国际金融中心，又是一个地区金融中心。

值得注意的是，伦敦和纽约扮演了五种全部角色，而伦敦在五项竞争力指标上都超过了纽约。

最后，让我们来了解一下传统国际金融市场的发展历史，可分为三个阶段：

（1）"一战"前，在19世纪初，英国工业革命最早兴起，并在19世纪30年代完成工业革命，经济较早较快地得到发展，对外扩张从海外殖民地掠夺了大量巨额利润，资金实力雄厚，英镑逐渐成为世界主要结算货币，成为货币霸主，伦敦率先发展为国际金融中心。

（2）"二战"期间，英国参与了战争，经济力量大为削弱，加之许多殖民地国家独立和世界的殖民者的争夺瓜分，而美国未参与战争，发了战争财，实力猛增，美元逐步取代英镑；瑞士作为中立国，经济、货币都较稳定，逐渐形成了纽约、苏黎世、伦敦三大国际金融中心。

（3）"二战"后，各国经济恢复和快速发展，形成了法兰克福（德国）、卢森堡、日本、亚太地区等国际金融中心，特别是日本的迅速崛起，东京一举成为继伦敦、纽约之后的三大国际金融中心。

习题

1. 什么是国际金融市场，按性质不同是怎么划分的？

2. 国际金融市场按经营业务的种类可划分为哪四个细分市场？

3. 从整体上来说，国际金融市场的内容包括哪些？

4. 国际金融中心的作用主要体现在哪四个方面？

5. 国际金融中心的五项竞争力指标是什么，全球金融中心有哪两个市场具备资格？

第三节　证券环境分析

通过本章第二节的学习我们知道，国际金融市场可以分为货币市场、证券市场、外汇市场、黄金市场和期货期权市场，这些市场是一个整体，各个市场相互影响。证券市场仅仅是国际金融市场的一部分，国际金融市场对一国证券市场的影响是通过该国国内其他金融市场的传导而发生的。本节将进一步概括性的对证券环境进行讲解分析。

证券环境，即证券投资环境，主要包括证券市场、证券市场主体以及投资产品。

1. 证券市场

证券市场是有价证券发行和交易的市场，也是资金供求双方通过有价证券进行资金融通的市场。资金融通是指在经济运行过程中，资金供求双方运用各种金融资产（工具）调节资金盈余的活动，是所有金融交易活动的总称。资金融通市场，即称为金融市场。证券市场是金融市场的子市场，证券市场有以下分类。

表 9-2　金融市场与证券市场的关系

金融市场	货币市场	同业拆借市场；回购协议市场；银行承兑汇票市场；短期政府债券市场；大额可转让存单市场等；	
	资本市场	中长期信贷市场	
		证券市场	债券市场；股票市场；基金市场等
	外汇市场		
	黄金市场		

1.1．证券市场按运行的不同阶段分为证券发行市场和证券交易市场。

证券发行市场，又称为"一级市场"或"初级市场"，是证券发行的市场，由资金需求者（证券发行人）、资金供给者（证券投资人）和证券中介机构组成。

证券交易市场，是债券发行之后流通的市场，又称为"二级市场"，由证券投资人和证券中介机构组成。

1.2．证券市场按市场组织形式和规范程度不同，分为场内市场和场外市场。

场内市场，又称"集中交易市场"，即证券交易所市场，它有严密的组织，严格的管理，并有集中交易的固定场所。

场外市场（over the counter，OTC），又称"店头交易市场"、"柜台交易市场"或"三板交易市场"，是没有固定交易场所，没有统一交易时间的分散交易场所。

1.3．证券市场按证券性质的不同，分为股票市场、债券市场、基金市场和其他衍生品市场。

2．证券市场参与主体

证券市场的参与主体，包括证券发行主体、证券投资主体、证券市场中介机构、自律性组织及证券监管机构。

2.1．证券发行主体

也称为证券发行人，是证券的供应者和资金的需求者。如，政府、企业、金融机构和其他经济组织。它们通过发行股票、债券等各种有价证券，在市场上筹集资金。

2.2. 证券市场投资主体

证券市场投资主体是证券市场资金的供给者，可分为机构投资者和个人投资者两大类。

2.3. 证券市场中介机构

证券市场中介机构是连接证券市场资金需求者和资金供给者的桥梁，它们的经营服务活动，不仅保证了各种证券产品的发行和交易，还起到维持证券市场持续的作用。

2.4. 自律性组织

（1）证券业协会。证券业协会是证券业的自律性组织，是社会团体法人。证券业协会的权力机构是由全体会员组成的会员大会。

根据我国《证券法》规定，证券公司应当加入证券业协会。

（2）证券交易所。根据我国的《证券法》，证券交易所是提供证券集中竞价交易场所的不以营利为目的的法人。证券交易所负责提供交易场所和设施，制定交易规则，并监管在该交易所上市的证券以及会员交易行为的合法性，确保市场公平等。

自律组织对会员的监管一般有两种方式：一是对会员每年进行一次例行检查，包括会员的财务状况、业务情况以及对客户的服务质量等；二是对会员的日常业务活动进行监督，包括对其业务活动进行指导，协调会员之间的关系，对欺诈客户、操纵市场等违法违规行为进行调查处理等。

2.5. 证券监管

1929 年后，美国为了重振经济，国会通过了《1933 年证券法案》和《1934 年证券交易法案》。从此，证监会才真正树立起在证券市场的监管作用。

中国证监会，即中国证券监督管理委员会，是我国最主要的证券监督机构，它负责统一监管证券业。其主要职责是：

（1）统一管理证券期货市场；

（2）监督股票，可转换债券，证券投资基金的发行、交易、托管和清算；

（3）批准企业债券的上市，监管上市国债和企业债券的交易活动；

（4）监管上市公司及其有信息披露义务股东的证券市场行为等。

1995年，我国证监会加入国际证券监督组织，成为其正式会员。国际证监会组织（英文简称 IOSCO），是国际间各证券、期货管理机构组成的国际合作组织。1983年正式成立，总部设在加拿大蒙特利尔市。

3．证券投资产品

证券投资产品主要有股票（我国股票按投资者不同分为 A 股和 B 股[1]）、债券、证券投资基金、金融衍生产品四大类。下面是金融衍生产品分类表。

---

[1]　A 股的正式名称是人民币普通股票。它是由我同境内的公司发行，供境内机构、组织或个人（不含台、港、澳投资者）以人民币认购和交易的普通股股票。

B 股的正式名称是人民币特种股票。它是以人民币标明面值，以外币认购和买卖，在境内（上海、深圳）证券交易所上市交易的。它的投资人限于：外国的自然人、法人和其他组织，香港、澳门、台湾地区的自然人、法人和其他组织，定居在国外的中国公民，中国证监会规定的其他投资人。另外，沪市挂牌 B 股以美元计价，而深市 B 股以港元计价。B 股是历史遗留问题，其功能早已丧失，随着国际板的推出，与 A 股并轨是迟早的事。

表 9-3　金融衍生品分类

金融衍生产品			
金融远期合约	金融期货合约	金融期权合约	金融互换合约
股权类资产的远期合约 债权类资产的远期合约 远期利率协议 远期汇率协议等	外汇期货 利率期货 股票指数期货等	股票期权 股票指数期权 商品期权 外汇期权等	利率互换 货币互换 货币利率交叉互换等

另外，对证券投资基金进行论述。证券投资基金，是指通过发售基金份额，或称基金受益凭证，将众多投资者的资金集中起来，由基金托管人托管，基金管理人管理，以投资组合的方式进行证券投资的一种利益共享、风险共担的集合投资方式。

证券投资基金的参与者包括：基金发起人、基金管理人、基金托管人和基金持有人。

证券投资基金的类型包括以下几种。

（1）按组织形式分为公司型基金和契约型基金两种。

公司型基金，是指基金本身为一家股份有限公司，公司通过发行股票，或受益凭证的方式来筹集资金。投资者购买了该公司的股票，就成为该公司的股东，凭股票领取股息或红利，分享投资所获得的收益。公司型基金在形式上类似于一般股份公司，但不同的是，它委托基金管理公司作为专业的财务顾问或管理公司来经营与管理基金资产。

契约型基金，又称单位信托基金，它是依据信托契约原理，由基金投资者、基金管理人、基金托管人之间所签署的信托契约，或称基金合同，而设立的基金。相比契约型基金，公司型基金的优点是法律关系明确清晰，监督约束机制较为完善；但契约型基金在设立上更为

· 258 ·

简单易行。

公司型基金在美国最为常见，而契约型基金在英国较为普遍。目前，我国设立的基金均为契约型基金。

（2）按基金的运行方式分为开放式基金和封闭式基金两种。

开放式基金，基金总额不固定，基金份额可以在基金合同约定的时间和场所申购或者赎回基金。开放式基金的申购和赎回价格为基金的单位净值，加上或减去一定的手续费来确定，其交易方式一般为柜台交易，存续期一般没有明确的规定。

封闭式基金，是基金规模在基金存续期内固定不变的证券投资基金。基金份额持有人不得申请赎回基金，但是可以依法在二级市场上进行交易。在二级市场上的交易价格与单位净值无决定关系，主要是由市场的供求关系决定。

（3）按投资对象分为股票基金、债券基金、混合基金、货币基金和指数基金等。

最后，我们来分析一下国际金融市场对一国证券投资环境的影响。通常情况下，国际金融市场是通过汇率预期、宏观经济面和政策面三个方面来影响一国证券投资市场的。

（1）国际金融市场通过汇率预期影响一国证券市场。

汇率对证券市场的影响是多方面的。一般来讲，一国的经济越开放，证券市场的国际化程度越高，证券市场受汇率的影响就越大。通常而言，汇率上升，一国本币贬值，该国产品竞争力强，出口型企业将增加收益，因而企业的股票和债券价格将上涨；相反，依赖于进口的企业成本增加，利润受损，股票和债券价格将下跌。同时，汇率上升，一国本币贬值，将导致资本流出该国，资本的流失将使得一国证券市场需求减少，从而市场价格下跌。

另外，汇率上升时，一国本币表示的进口商品价格提高，进而带动国内物价水平上涨，引起通货膨胀。为维持汇率稳定，政府可能动用外汇储备，抛售外汇，从而减少本币的供应量，使得证券价格下跌，直到汇率回落恢复均衡，反面效应可能使证券价格回升。如果政府利用债市和汇市联动操作，达到既控制汇率的升势又不减少货币供应量，即抛售外汇，同时回购国债，则将使国债市场价格上涨。

（2）国际金融市场通过宏观经济面和政策面间接影响一国证券市场。

国际金融市场，有时动荡会加大一国宏观经济增长目标的执行难度，从而在宏观经济面上间接影响一国证券市场的发展。国际金融市场动荡导致出口增幅、外商直接投资下降，从而影响经济增长率。失业率的上升，宏观经济环境的恶化导致上市公司业绩下降和投资者信心不足，最终使证券市场下跌。其中，国际金融市场的动荡对外向型上市公司和外贸行业上市公司的业绩影响最大，对其股价的冲击也最大。

同时，一国有关政府部门将吸取国际金融市场动荡的教训，采取降低证券市场的风险，加强监管，提高上市公司的素质等积极措施，从而促使证券市场的稳健发展。

习题

1．证券环境主要包括哪些内容？

2．证券市场有哪些分类？它与金融市场的关系是什么？

3．证券市场的参与主体主要包括哪些？我国证监会的主要职责是什么？

4．开放式基金和封闭式基金的区别是什么？我国的基金主要是什么类型？

　　到此为止，相信读完本书你定能提升自己，这就是我写这本书的价值！

　　本书在创作过程中参考了大量文献书籍，例如，保罗·萨缪尔森所著的《经济学》、本杰明·格雷厄姆的《聪明的投资者》等，像沃伦·巴菲特、比尔·格罗斯在股票市场和债券市场成功的投资理念在中国的实践与创新等，以及《证券法》、《公司法》等，在这里向致力于资本市场发展的，为此作出努力的所有工作人员表示感谢。

　　这本教科书读本——《证券投资交易原理》的著作完成，要感谢我的家人对我工作的支持，同时，也感谢我的学生在我著作此书时所做的努力。

　　最后，祝愿广大的读者朋友，好运！在证券投资的道路上不断提升自己，并收获财富带来的人生喜悦。

颜秉印

2014 年 2 月于上海